폭력 없는 평화로운 학교 만들기

중학생을 위한

학교폭력상담

폭력 없는 평화로운 학교 만들기

중학생을 위한

학교폭력 상담

박성희 · 김경수 · 김기종 · 남윤미
이동갑 · 이재용 · 장희화 공저

학지사

머리말

학교폭력으로 세상이 떠들썩하다. 매스컴은 연일 떠들어 대고 교육청과 교육과학기술부는 대책을 찾느라 요란하게 움직인다. 국회는 『학교폭력예방 및 대책에 관한 법률』을 개정한 바 있고 국무총리실 역시 학교폭력대책위원회를 구성하여 학교폭력에 적극 대응하고 나섰다. 학교폭력의 진원지인 초 · 중 · 고등학교 현장은 더 말할 것도 없다.

사실 학교폭력은 어제 오늘 생긴 일이 아니다. 아주 오래전부터 학교에서는 다양한 종류의 폭력 사건이 벌어지고 있었다. 교육과학기술부가 자녀의 등하굣길을 안전하게 하겠다는 '학교안전지킴이' 캠페인을 벌인 것이 벌써 20년 전의 일이다. 그럼에도 학교폭력에 쏠리는 최근의 사회적 관심은 무엇 때문일까? 아마도 최근 들어 학교폭력의 피해자가 급증하고, 자살과 살인으로 이어지는 학교폭력의 극단적인 실상이 세상에 알려졌기 때문일 것이다. 공부를 하는 배움터가 알고 보니 폭력이 난무하는 현장이라는 사실은 국민을 충격에 빠뜨리기에 충분하다. 어쨌거나 학교폭력에 쏟는 사회의 관심은 정말 고마운 일이다. 우리 아이들이 폭력을 걱정하지 않고 학교에서 배움에 전념하며 행복한 학창생활을 할 수 있다면 얼마나 좋을까? 학교가 그런 곳으로 정착될 수 있도록 사회적 관심과 지원이 지속되기를 간절한 마음으로 기도한다.

학교폭력에 대한 가장 좋은 대책은 예방이다. 폭력이 발생한 후 사후 대책을 세우는 일도 중요하지만 사전에 폭력이 발생하지 않도록 필요한 조치를 해 두는 것이 최선이다. 그 첫 번째가 협동과 조화 그리고 상생 정신을 키우는 학교문화를 만들어 가는 것이다. 상위권 성적을 향한 경쟁으로 내모는 문화가 아니라 평화롭게 더불어 살면서 성취감을 느끼게 하는 문화로 바뀌어야 한다. 그러기 위해서 각급 학교의 교육과정에 근본적인 전환이 있어야 한다. 인성교육의 강화는 그중 한 가지일뿐이다.

이 책은 학교에서 폭력이 발생했을 때 교사들이 어떻게 대응하는 것이 좋을지 사례를 통해 알아본 학교폭력 상담 사례집이다. 실제 학교에서 일어난 구체적인 폭력 사례에 대해 교사들이 어떻게 대처했는지 분석한 후 상담 원리와 기법을 중심으로 바람직한 지도 방법을 제시하고 있으므로 학교폭력으로 골머리를 앓는 현장 교사들에게 많은 도움이 될 것이다. 비록 이 책이 학교에서 일어나는 모든 폭력 사례를 담고 있지는 않지만, 집필진이 제시한 상담 원리와 기법은 거의 모든 학교폭력 사례에 적용할 수 있는 포괄적인 내용으로 구성되었다. 일종의 사전처럼 급할 때 찾아보는 학교폭력 상담사례 자료집으로 활용하면 좋을 것이다.

학교폭력의 실상을 알리는 통계수치들은 특히 중학교에서 학교폭력의 발생 빈도와 피해 정도가 매우 심각한 것을 보여 준다. 학교폭력이 처음 시작되는 초등학교 학생들이 아직 학교폭력에 익숙하지 않은 초보에 속하고, 생각이 많이 영글고 또 자력으로 돈벌이가 가능해진 고등학생들이 학교폭력을 유치하게 생각하는 경향이 있는 반면, 가운데 끼인 중학생은 특별한 죄의식을 갖지 않거나 장남삼아 습관적으로 학교폭력을 일으키는 경우가 많다. 중학생들의 학교폭력을 단순히 폭력 차원이 아니라 이들의 신체적 · 심리적 · 사회적 발달 과정 및 또래문화 차원에서 접근해야 할 이유가 여기에 있다.

따라서 중학생의 학교폭력을 대하는 교사들의 자세도 여기에 맞추어야 한다. 단순히 일어난 폭력 사건을 수습하는 데서 그치지 않고, 가해학생과 피해학생의 성장과 발달을 지원하는 상담, 학생들 사이에 원활한 소통이 이루어짐으로써 평화로운 상생 관계로 나아가는 교육을 할 수 있어야 한다. 그런데 교사들이 이런 역량을 갖추려면, 교사들부터 먼저 제대로 된 인성교육과 인간교육을 받아야 할 뿐 아니라 이를 교육하는 법에 대해 배워야 한다. 이런 점에서 무엇보다 먼저 예비교원 양성교육과정에 획기적인 변화가 있어야 한다. 교과지식 중심으로 짜진 교육대학과 사범대학의 교육과정을 새롭게 검토하고 전면 수정해야 한다는 말이다. 대학에서 인성교육, 인간관계, 생활지도와 상담과 관련된 교과목을 기껏해야 한두 과목 이수하고 교사가 된 사람들에게서 도대체 무슨 훌륭한 인간교육을 기대할 수 있단 말인가? 교육당국은 이 점을 심각하게 고민하고 교육대학과 사범대학의 교육과정 개혁에 진지한 자세로 임해야 한다. 발등에 떨어진 불이 학교폭력이라고 해서 학교폭력을 잠재우기 위한 대책에만 올인하지 말고, 보다 근본적인 차원에서 인간교육의 기본 틀을 새롭게 짜려는 노력을 구체화해야 한다. 교사들이 바뀌지 않는 한 학교현장은 언제나 그대로 일 것이라는 너무나도 자명한 사실에 주목하길 바란다.

이 책에서 각각의 사례를 해결하는 방법으로 소개한 상담적 접근법은 학교폭력에 속하는 여타 다른 사례에도 적용할 수 있다. 상담 사례 사전이라는 책의 속성상 특정 사례에 맞춘 상담법을 제시했지만, 이 상담법이 꼭 그 사례 하나에만 한정하여 적용할 수 있는 것은 아니다. 이런 점에서 이 책에서 제시한 모든 상담 원리와 기법은 거의 모든 학교폭력에 적용할 수 있는 열린 내용이라고 할 수 있다. 때로 사례가 다름에도 불구하고 유사하거나 중첩된 상담법이 제시된 것 역시 상담 사례 사전이라는 책의 속성에서 비롯된 것이므로 독자의 양해를 바란다. 끝으로 이 책에 등장하는 모든 가해학생과 피해학생의 이름은 가명임을 밝혀둔다.

집필진 일동

차례 contents

제3부 나를 우습게 보지 마!

제4부 재미 삼아 했는데……

부 록

에잇, 더러운 세상!

금품 갈취가 습관이 된 학생

고가의 옷을 빼앗는 학생

심하게 언어폭력을 하는 학생

심하게 욕설을 하는 학생

1

금품 갈취가 습관이 된 학생

가해학생은 이혼가정의 중학교 1학년 남학생으로, 엄마와 심하게 다투고 집을 나와 찜질방에서 생활하는 15여일 동안 학급의 한 친구를 골라서 돈을 뜯어내며 살고 있었다. 4월 중순경에 5천 원을 갈취하기 시작해서 찜질방에서 나온 뒤에도 멈추지 않았는데, 횟수를 거듭할수록 액수가 늘어 수십만 원까지 요구하는 상황이 되었다. 피해학생이 자신이 요구한 액수를 가져오지 않으면 폭행까지 했고, 급기야 7개월이 지난 11월 말쯤에는 한꺼번에 30만 원을 요구하였다. 이를 감당할 수 없었던 피해학생이 엄마에게 사실을 털어놓았고, 피해학생의 엄마가 담임교사에게 신고하게 되었다.

제발, 엄마한테만은 이르지 말아 주세요

"너 언제부터 일동이 돈을 빼앗았니?"

"예? 그게 무슨 말씀이세요?"

"너 4월부터 일동이 돈을 빼앗기 시작해서 지금까지 뜯어 낸 게 장난이 아니던데!"

"그건 일동이가 그냥 준 건데요."

"뭐라고? 그걸 말이라고 해?"

"아니, 진짜예요."

"네가 돈을 가져오지 않으면 때리니까 너무 무서워서 자꾸 줬다고 하던데, 너 자꾸 거짓말 할래?"

"누가 그래요?"

"누가 그랬는지가 뭐 그리 중요해?"

"……이 새끼, 가만히 안 둬."

"너 안 되겠다. 잘못한 일을 반성해도 시원치 않을 판에 거짓말에 원망까지 해? 어제 일동이 엄마가 학교에 오셔서 네가 그동안 일동이한테 무슨 일을 어떻게 했는지 모두 말씀하셨어. 더 이상 거짓말할 생각 말고 정직하게 말해. 왜 그랬어?"

"……."

"일동이 엄마 말로는 네가 엄마랑 다투고 찜질방에 살면서부터 돈을 빼앗았다고 하던데, 그게 맞니?"

"에이 씨, 창피하게……. 찜질방에서는 4월 말까지만 있었어요."

"엄마랑 싸우고 찜질방에서 산 게 창피해? 너 때문에 일동이가 마음 고생하면서 피해 입은 건 안 미안하고? 그리고 엄마랑 좀 싸웠다고 대책도 없이 나와서 애들한테서 돈을 뺏어? 일동이가 무슨 죄가 있다고 너한테 돈을 바쳐야 돼? 일동이가 지금 어떤 상태인 줄 알아?"

"……."

"그리고 찜질방에서 나왔으면 그만이지, 지금 11월이 다 끝나가는데 어째서 지금까지도 돈을 빼앗아?

"엄마가 용돈을 하나도 안 주는데 그럼 어떻게 해요?"

"뭐? 그렇다고 친구 돈을 빼앗았어? 그럼 너는 다른 친구가 너한테 엄마가 안 주니 돈을 달라고 하면 아무렇지 않게 줄 수 있어?"

"……."

"지금까지 얼마나 빼앗았어?"

"제가 그걸 어떻게 알아요."

"내일 엄마 모시고 와. 너랑은 더 이상 얘기가 되지 않겠다."

"아, 제발 엄마한테만은 이르지 말아 주세요. 잘못했어요."

"일동이 엄마가 화가 잔뜩 나셔서 너를 가만두지 않겠다는 걸 간신히 말렸어. 그리고 이 문제는 너랑만 얘기해서는 해결되지 않아. 지금 일동이는 너한테 빼앗긴 돈이 50만 원이 넘는다고 하고 너 때문에 학교에 다니기도 무섭다는데, 이 문제를 네가 해결할 수 있겠어?"

제가 피해학생 엄마를 만날게요

"어머니, 다동이가 어머니와 싸우고 찜질방에서 살고 있었다는 거 알고 계셨어요?"

"예? 찜질방에서요? 저랑 싸우고 이모네랑 할머니 댁에서 잤다던데요."

"어머니께 혼날까 봐 거짓말을 했나 보네요. 거짓말도 하고 생각보다 문제가 많아요. 다동이가 찜질방에서 살면서 생활비 때문에 우리 반에서 제일 힘없는 아이를 협박해서 돈을 많이 빼앗았어요. 돈을 가져오지 않으면 한밤중에도 불러서 아이를 때리는 바람에 그 애가 부모님 돈을 훔쳐서까지 주었다고 하네요. 그보다 더 큰 문제는 찜질방에서 나오고도 7개월이 넘도록 돈을 빼앗았다는 거예요. 지금 그 아이 엄마가 화가 잔뜩 나서 경찰에 신고하겠다고 야단이에요."

"아이고! 선생님, 제가 잘못했습니다. 일이 이렇게 된 줄은 상상도 못했어요."

"저도 지금 너무 당황스럽습니다. 일이 이렇게 진행되도록 몰랐으니……. 저도 저지만 피해학생을 어떻게 해야 할지 막막합니다."

"선생님, 다 제 잘못입니다. 어떻게든 제가 다 보상해 드릴 테니 경찰서만은…… 제발 막아 주세요. 제가 피해학생 엄마를 만날게요."

찜질방에서 지내며 금품을 갈취하는 아이

엄마와 심하게 다투고 찜질방에서 지내는 보름 정도의 시간 동안 같은 반의 힘이 약한 친구에게 집중적으로 돈을 뜯어서 살다가 찜질방에서 나온 뒤에도 7개월이나 금품을 갈취한 경우로, 횟수가 늘수록 금액을 늘려서 피해학생을 몹시 괴롭히는 사례다.

교사의 대처

가해학생이 무려 7개월 동안 학급에서 가장 약한 피해학생의 돈을 빼앗고, 폭력까지 저질렀다는 사실을 피해학생과 그 엄마에게 듣고 나서 담임으로서 몹시 자존심이 상하고 괴로웠다. 피해학생의 엄마와 상담한 결과, 피해학생은 가해학생이 워낙 힘이 세고 무서워서 반항하지 못하고 용돈이 생길 때마다 챙겨 주었으며, 요구하는 액수가 커질 때는 부모님의 지갑에 손을 대기도 했다고 한다. 또한 돈을 제때 가져다주지 못했을 때는 폭행을 당하기도 했다는 것이다. 엄마는 그 사실을 알고 너무 기가 막혀서 경찰에 바로 고발하여 법적으로 처리하고 싶었으나, 그렇게 할 경우 가해학생의 보복이 예상되기도 하고, 또 가해학생의 앞날을 생각해 담임교사에게 먼저 온 것이다. 피해학생과 그 엄마는 가해학생이 진심으로 사과하고 그동안의 금전적 피해를 보상해 주고 다시는 그런 일을 하지 않는다면 용서할 수 있지만, 그렇지 않을 경우에는 당장 법적 처리를 하겠다고 하였다. 피해학생의 엄마는 이 일을 남편이 알면 자신은 물론 아이도 가해학생도 가만두지 않을 것 같으니 조용히 빨리 처리해 주기를 원한다는 것이다.

가해학생의 엄마와 상담을 하면서 담임교사는 피해학생 측의 이야기를 다소 과장하여 모두 전했다. 그러자 가해학생의 엄마는 어찌할 줄 모르며 아이를 위해서 법적 처리만은 막아 달라고 애원하였다. 가해학생의 부모는 학생이 5학년 때 이혼을 했고, 엄마가 가해학생을 데리고 살고 있었다. 부모의 이혼 후 가해학생은 반항적으로 변하였고, 공부는 내팽개친 채 컴퓨터 게임에만 매달리고, 심지어는 엄마 지갑을 뒤지기도 해서 엄마와 싸움이 잦았다고 한다. 엄마와 싸우고 난 뒤에는 이모 집이나 외할머니 댁, 친구 집에 가서 자던 아이라, 엄마는 아이가 늘 그러려니 했다는 것이다. 가해학생의 말로는 엄마가 이혼 후부터 아빠는 물론이고 아빠네 가족도 만나지 못하게 해서 엄마를 무척 미워했으며, 싸우고 집을 나오긴 했는데 마땅히 갈 곳이 없어서 찜질방을 선택했다고 한다. 그리고 피해학생에게 돈을 빼앗은 이유는 엄마가 너무 싫어서 집으로 돌아가지 않기 위해서라고 했다. 그리고 찜질방에서 나와서도 계속해서 돈을 빼앗은 이유는 피해학생이 만만했고 또 돈 쓰던 버릇이 남아서라고 한다.

담임교사의 중재로 양측이 모두 모인 가운데 가해학생이 피해학생에게 진심으로 사과하고 잘못을 빌도록 하였다. 이에 가해학생은 별 반항 없이 진심으로 사과하였고, 담임교사에게도 다시는 그런 일이 없도록 하겠다는 다짐을 하였다. 가해학생의 엄마 역시 자신의 잘못 때문에 생긴 일이라며 피해학생에게 진심으로 사과하고, 그동안의 피해에 대해서 모두 보상해 주기로 하였다. 담임교사는 피해학생과 가해학생이 원만하게 합의하도록 여러 차례 상담한 후, 학교 차원의 처리를 위하여 교장실에서 학교폭력자치위원회를 열어 사전 상담 내용을 공개하고, 피해 보상 시기와 금액, 기일 내에 피해 보상이 이루어지지 않았을 때의 처리 등을 합의서로 작성하였다. 더불어 재발 방지를 위한 서약서를 작성하여 피해학생과 가해학생의 부모가 한 장씩 나누어 가지도록 하는 등 담임으로서의 역할을 다하려고 노력하였다.

교사의 대처 방법 분석

잘한 점

_ 아이들의 문제 행동에 적극적으로 대처하겠다는 태도와 의지를 보여 주었다.

_ 아이에게 엄마와 싸우고 대책 없이 집을 나온 결과가 어떻게 되었는지를 깨닫게 해 주었다.

_ 가해학생의 엄마와 상담할 때 피해학생 측의 분노를 다소 과장하여 전함으로써 가해학생 측에서 당장 사과하고 보상할 마음을 갖고 합의하도록 이끌었다.

_ 사안이 매우 컸음에도 침착한 태도로 사건 당사자는 물론이고 부모와 차분하게 상담을 하여 원만한 합의를 이뤄 냈다.

_ 학교 차원의 대처가 원활히 이루어지도록 하였다.

개선할 점

_ 금품 갈취 사건이 심해지기 전에 발견하여 대처했다면 좋았을 것이다.

_ 학기 초에 전체 학생을 상대로 폭력과 금품 갈취에 대한 예방교육을 심도 있게 할 필요가 있다.

_ 가해학생과 좀 더 심층적인 상담을 할 필요가 있다. 가능하다면 상담전문가에게 위촉하여 전문 상담을 받게 하는 것이 좋다.

_ 피해학생을 위한 별도의 상담이 필요하다.

_ 학급 전체를 대상으로 금품 갈취를 당하지 않도록 지도하고 금품 갈취를 당했을 때의 대처 요령도 알려 준다.

상담적 접근

일반적으로 할 수 있는 관심과 배려

전 학년을 대상으로 학교폭력 예방 지도하기

[입학식에서 학교폭력 예방 지도하기]

학부모까지 참가하는 입학식은 학교폭력 예방 지도를 하기에 아주 적절한 기회다. 학생들의 폭력행동과 관련하여 부모의 책임을 부각시키고 학생과 학부모 모두에게 학교폭력의 심각성에 대한 경각심을 불러일으키도록 한다.

- 시청각 자료를 활용하여 학교폭력의 심각성 알리기: 학교폭력의 심각성을 느끼게 하는 사진 자료나 신문기사 등을 미술 전시회를 하듯 교정에 전시해 놓고 경각심을 불러일으킨다.
- 상벌점 제도 알리기: 학교폭력 상황을 상벌점 제도에서 어떻게 다루고 있는지, 벌점이 주어지면 어떤 일을 해야 하는지 등을 구체적으로 자세하게 알린다.
- 폭력 사안 발생 시 처리 방법 알리기: 폭력행동이 일어났을 때 어떤 절차에 따라 그것을 처리하는지 구체적으로 알려 준다.
- 학교폭력을 하지 않겠다는 서약서를 작성하고 낭독하기: 입학생 모두가 서약서를 작성하고 학생 대표의 서약서를 함께 낭독한 뒤, 교실 벽면에 모

두의 서약서를 붙여 두고 경각심을 일깨우도록 한다.

- 학교폭력 관련 학예 행사하기: 시청각 교육을 한 뒤 글짓기, 그림 그리기, 포스터 만들기, 캐릭터 그리기, 웅변대회 등을 실시한다.

[상벌점제에 폭력 예방을 위한 내용 확대하기]

각 학교의 상벌점제에 친구 돕기, 친구에게 봉사하기, 불우한 급우 돕기, 폭력행동을 막거나 신고하기 등 학교폭력을 예방하고 긍정적인 태도를 형성할 수 있는 내용을 확대 운영하고, 많은 점수를 부여하여 시상하거나 혜택을 주고 생활기록부에 등재하도록 한다.

[학부모가 알아차릴 수 있는 가해학생과 피해학생의 특성 알리기]

학교폭력에 가담하는 가해학생과 그 대상이 되는 피해학생의 심리적 · 행동적 · 사회적 특성을 상세히 알리고, 학교폭력이 의심되면 즉각 담임선생님에게 연락하여 대처하도록 한다.

폭력행동 관련 당사자들과 상담하기

[피해학생 부모와 상담하기]

- 피해학생 부모의 입장 공감하기: 자기 자녀만은 이런 일에서 비껴 가기를 바라던 부모가 느낄 충격과 분노를 충분히 공감하고 수용하여, 부모가 분

노를 다스리고 사안을 원만하게 처리하도록 돕는다.

- 피해 사실을 정확히 조사하기: 피해 사실을 정확히 조사하여 가해학생 측과의 상담이 원만하게 이루어지도록 한다.
- 담임교사에게 먼저 알려 준 것에 대해 감사하기: 담임교사에게 알리기 전에 경찰에 신고하였다면 상상할 수 없을 정도의 문제가 발생할 수 있었는데, 학교에 먼저 알린 것과 문제 해결에 도움을 준 것에 감사한다. 그리고 담임으로서 사전에 알지 못한 것에 대해서는 충분히 사과한다.
- 가해학생과 직접 만나지 않도록 하기: 사안의 당사자끼리 만나게 될 경우 감정이 앞서게 되기 때문에 문제가 원만히 해결되지 않을 가능성이 크다. 따라서 반드시 담임교사와 충분한 개별 상담을 실시한 후에 중재 과정에서 만나도록 해야 한다.
- 원만한 해결을 위해 최선의 노력을 다할 것을 약속하기

[피해학생과 상담하기]

- 공감 및 수용하기: 돈을 빼앗기지 않으려고 노력했지만 보복의 두려움 때문에 줄 수밖에 없었던 무력감, 돈을 구하기 위해 부모님께 거짓말을 하면서 가지게 되었을 죄책감, 폭력을 동원하여 금품 갈취를 하는 가해학생에 대한 분노와 공포감 등 아이가 가졌을 만한 심리적 고통에 대해서 충분히 공감하고 진심으로 수용해 준다.
- 칭찬하기: 괴롭다고 경찰에 신고했다면 문제가 더욱 커질 수도 있었는데

담임교사에게 먼저 알림으로써 담임교사가 먼저 대처하게 해 준 것, 또 경찰에 고발했을 경우 가해학생의 처지가 비참해질 수 있었는데 학교에서 바르게 처리하는 과정을 통해서 가해학생에게 반성할 기회를 줄 수 있었다는 것 등을 칭찬한다.

- 담임교사의 미안함 전하기: '학급에서 지금까지 이런 일이 일어나도록 알지 못했다. 그동안 혼자서 얼마나 힘이 들었을까? 이건 네 잘못이 아니다. 괴롭힌 아이가 잘못한 일이니 자신을 탓하지 마라.' 등 담임교사로서 미안함을 충분히 전달한다.
- 앞으로는 바로 알리기로 약속하기: 다음에는 누군가가 아무리 적은 금액의 돈을 달라고 하더라도 피해를 입지 않도록 반드시 부모님이나 담임교사에게 그 즉시 알려야 함을 지도한다.

[가해학생과 상담하기]

- 사안에 침착하게 대응하기: 가해학생의 잘못된 행동을 교정하는 것도 중요하지만, 교사는 경찰이나 형사가 아니므로 가해학생을 범인 취조하듯이 몰아붙여서는 안 된다. 그렇게 할 경우 가해학생은 반항하거나, 거짓말을 하게 되고 교사 역시 화를 내게 되어 서로 마음의 상처를 입고 상담의 필요성을 느끼지 못하게 된다.
- 사안을 알고 있으면서 모르는 것처럼 하지 않기: 담임교사는 피해학생의 부모에게서 가해 사실을 들어 알고 있는데도 가해학생과 상담할 때 마치

아무것도 모르는 것처럼 자백을 강요하는 위협적인 언사를 사용하였다. 이런 태도는 아이가 진실을 말할 수 없도록 할 뿐만 아니라 교사에 대한 신뢰감을 떨어뜨린다.

- 찜질방에서 생활하게 된 상황에 대하여 공감하고 수용하기: 아이가 찜질방에서 지낼 수밖에 없었던 이유를 그대로 공감하고 수용하면서 부모와의 갈등으로 마음이 많이 아팠을 텐데 그래도 잘 버텨 온 것에 대해서 대견하다는 표현을 한다.
- 가해 상황을 정확히 조사하고 가해학생 스스로 자기 잘못을 인식하게 하기: 공감과 수용의 과정 후에는 문제 해결을 위해 피해 상황에 대한 구체적인 조사를 하여야 한다. 이때 갈취, 신체폭력 등 모든 잘못한 내용을 자세히 조사하되, 가해학생이 일일이 스스로 기록하고 소리 내어 읽으면서 사안의 진상을 객관적으로 돌아보고 반성할 기회를 준다. 그리고 어떤 점이 잘못되었는지, 그런 행동을 하면 왜 안 되는지, 이러한 상황이 지속되었을 때 발생할 수 있는 법적 · 사회적 처벌로 인해 처할 수 있는 상황은 어떤 것이 있는지를 스스로 찾아내게 하고, 잘 찾지 못하는 부분은 교사가 꼼꼼히 챙겨 준다.
- 피해학생이 받은 상처에 대해 알게 하기: 피해학생뿐만 아니라 그 부모가 입었을 상처에 대해서도 일일이 가해학생에게 입장을 바꾸어 생각하고 느끼게 한다. 아이가 잘 느끼지 못하면 과장된 표현을 해서라도 꼼꼼히 짚어주어서 진심으로 뉘우치고 사과하도록 한다.

- 가해학생의 긍정적인 면 찾기: 비록 잘못을 크게 저지른 학생일지라도 긍정적인 면은 얼마든지 찾아낼 수 있다. 아이가 한 잘못에 초점을 맞추지 말고 긍정적인 면을 찾아서 자신의 걸림돌을 잘 극복하여 전화위복의 계기로 삼도록 돕는다. 다음과 같은 예를 들 수 있다.
  - ▶ 열정적이고 믿음이 강하다.
  - ▶ 자신의 확신을 표현할 줄 알고 긍정적인 방향으로 투지를 모은다.
  - ▶ 친구관계가 개선되고 긴장이 풀리면 삶을 즐기고 다른 사람에게 매우 다정하다.
  - ▶ 자신의 잠재 가치를 찾아 노력한다.

[가해학생 부모와 상담하기]

- 사안에 대해 불안해하는 부모 안심시키기: 불안한 가정환경에서 발생한 사안이므로 가해학생 부모는 피해학생 측 못지않은 충격을 받았을 것이다. 게다가 피해학생 부모가 경찰에 신고한다는 말을 듣고는 몹시 불안해하고 있다. 딱한 사정에 공감하고 사안에 놀랐을 마음을 진정시켜 주어 가해학생의 부모가 지나친 죄책감을 갖지 않도록 한다. 이는 가해학생이 담임교사를 신뢰하고 문제 해결에 적극적인 태도를 가지게 하는 중요한 요인이 된다.
- 부모가 가해학생을 이해하도록 돕기: 가해학생의 부모는 분노로 인해 자기 아이를 심하게 꾸중할 수도 있다. 하지만 가해학생은 자신의 잘못으로

부모가 학교에 불려온 사실, 그로 인해서 양측 부모와 피해학생이 입은 상처, 또 자신에게 주어질 일들로 불안해한다. 따라서 이 사안은 아이의 잘못도 있지만 불안한 가정환경에도 문제가 있다는 점에 주목할 필요가 있다. 이런 점을 감안하여 부모가 아이를 따뜻하게 위로하고 부모로서 잘 돌봐 주지 못한 사실에 미안한 마음을 가지면서 아이에게 접근하도록 돕는다.

- 부모가 아이를 변화시키도록 돕기: 가해학생은 담임교사와 처음 상담할 때와는 달리 잘못을 뉘우치고 별 반항 없이 잘못을 사과하는 것으로 보아 기본적으로 선한 심성을 갖춘 것으로 보인다. 담임교사는 아이가 죄책감을 갖지 않고 긍정적인 생활 태도를 가지도록 간단한 부모교육을 통해 도움을 준다.

구체적인 전략

학급 전체에게 금품 갈취를 당하지 않는 방법 지도하기

['나-전달법'을 이용하여 가해자에게 자신의 의사를 분명히 전달하기]

'나-전달법(I-message)'은 상대방에게 나의 입장과 감정을 전달함으로써 상호 이해를 도우려는 대화법이다. 상대방의 행동에 대하여 '나'를 주어로 해서 자신의 생각이나 감정을 표현하는 방식이다. '너'를 주어로 하여 상대방의 행동에 대해 표현하는 대화 방식인 '너-전달법(You-message)'과 대조되는 것으로 다음과 같은 절차를 따른다.

- 문제가 되는 상대방의 행동과 상황을 구체적으로 말하되, 상대방의 행동에 대해서 어떤 판단이나 비판, 평가의 의미를 담지 않고 객관적인 사실만을 말한다.
- 상대방의 행동이 자신에게 미치는 영향을 구체적으로 말한다.
- 더불어 상대방의 행동 때문에 생겨난 감정을 솔직하게 말한다.

앞의 사례에 이 대화법을 적용해 보면 다음과 같다.

- 지금 내가 너에게 돈을 주면 내가 쓸 돈이 없어져서 우리 부모님을 상대로 도둑질을 해야 하는데, 미안하지만 그렇게는 못하겠어. 부모님을 속이면서까지 누군가에게 돈을 가져다주고 싶지는 않아.
- 네 사정은 딱하지만 나도 돈을 써야 하니까 너에게 줄 수가 없어.
- 지금 돈을 주면 나는 앞으로도 너에게 돈을 빼앗길 것 같고, 같은 일이 반복되면 언젠가는 너를 선생님께 이를 것 같아서 불안하고 무서워. 이런 요구는 하지 말아 줘.
- 이런 일로 내가 학교에 오기 싫어질까 봐 겁이 나. 나는 학교생활을 즐겁게 하고 싶어.

[돈을 요구하는 친구에게 거절하는 이유를 분명하게 전달하기]

이런 상황이 발생하면 친구가 무서워서 얼른 돈을 주는 경향을 보일 수 있는데, 한두 번 돈을 주다 보면 쉽게 생각해서 앞으로도 지속적으로 돈을 요구할 가능성이 높다. 그러므로 힘들더라도 다음의 내용을 포함해서 분명하게 거절하도록 한다.

- 남에게 돈을 요구하는 것은 엄연한 범죄다.
- 돈을 가져오지 않는다고 협박이나 위협을 가한다면 그것은 더더욱 무거운 범죄다.
- 이런 행동이 지속되면 언젠가는 반드시 밝혀질 것이니 하지 마라.

[주변 사람에게 도움 청하기]

둘이 있는 상황, 더구나 상대가 무서운 경우 거절하는 것은 매우 위험할 수 있다. 상대방이 눈치 채지 못하게 사람이 많은 곳으로 이동해서 큰 소리로 말하여 주변인의 도움을 받도록 한다.

[용감함의 필요성을 알리기]

무서운 친구를 상대로 거절한다는 것은 매우 어렵고 두려운 상황이 틀림없다. 하지만 잠깐의 두려움을 딛고 분명한 선을 긋는 것은 자신은 물론 또 다른 친구의 피해를 막는 길이다. 상대를 자극하지 말고 현재의 기분과 감정만을 전하고 바로 피하도록 한다.

[친구라는 이유만으로 잘못된 행위를 감추지 않기]

친구이기에 자신이 당한 폭력행동을 담임교사에게 말하는 것이 고자질하는 것 혹은 배신행위라고 생각하는 것은 전혀 도움이 되지 않는다. 사안이 발생하면 피해 정도에 상관없이 바로 교사나 부모에게 알린다.

가해학생이 상황을 극복하도록 돕기

가해학생의 가정환경은 받아들이기 쉽지 않은 상황이었고, 가해학생은 이를 회피하고자 했다. 그래서 가해학생은 찜질방으로 도피하였고, 손쉽게 용돈을 얻는 수단으로 피해학생을 이용했다. 그러나 가해학생은 선생님과 상담한 후 진심으로 뉘우치고 사과했다는 점에서 상황에 대한 인식과 판단력이 있는 것으로 보인다. 따라서 이러한 상황이 지속되었을 때 발생할 수 있는 법적·사회적 처벌로 인해 자신이 처할지도 모르는 상황에 대해 설명한다면 학생의 행동을 변화시킬 수 있는 가능성이 있다. 또한 부모와의 갈등이라는 뚜렷한 원인이 있다는 점도 개선의 예후가 좋은 편이다. 부모와의 관계를 개선하도록 돕는다면 학생의 행동은 보다 확실하게 개선되고 재발의 우려도 없어질 것으로 보인다.

가해학생이 다음과 같이 엄마와 할 수 있는 일들을 찾아 노력해 보게 하는 것도 중요하다.

• 가해학생과 엄마 각자가 바라는 가정의 모습을 서로에게 제시하되, 현재

의 상황에서 이루어질 수 없는 요구는 하지 않도록 한다.

- 바라는 바를 실행할 수 있는 내용으로 타협한다. 가해학생과 엄마의 입장이 다르므로 서로를 위해 해 줄 수 있는 것이 무엇인지 의견을 교환하고 그것을 실행하도록 한다.

다음 예를 참고하여 실천한 뒤 일지를 쓰는데, 가해학생의 행동이 확실히 개선될 때까지 담임교사가 점검하면서 함께 의견을 나눈다.

- 엄마와 함께 집안일하기
- 엄마와 함께 취미생활이나 운동하기
- 엄마와 학교생활, 친구관계에 대한 이야기 나누기
- 엄마가 집에 있을 때 친구 초대하기
- 서로 대화 상대되어 주기
- 엄마가 담임교사와 자주 상담하기
- 엄마는 학생이 잘못하는 일이 있을 때는 야단치기보다 일이 일어난 원인을 알아보고 배려하도록 한다.
- 아이의 행동이 달라지면 평소에 아이가 하고 싶었던 일을 할 수 있게 해 주는 등의 보상을 하도록 한다.
- 아빠 및 아빠 가족과 언제든 만날 수 있게 해 주어서 엄마에게서 채우지 못하는 감정을 채우도록 해 준다.

행복한 가정을 위하여

날 짜	엄마가 해 주신 일	엄마를 위해 한 일	함께 한 일	엄마 확인
월 일	내 가방을 빨아 줌	엄마의 구두를 닦아 드림	요리하기	
생각하고 느낀 점	힘드실 텐데 나를 위해 애쓰시는 걸 보니 눈물 난다.	엄마가 기뻐하셔서 나도 좋다.	———	
월 일	친구를 불러 놀게 하였다.	식탁 정리를 도왔다.	등산하기	
생각하고 느낀 점	친구와 노니 즐겁다.	엄마가 칭찬하셔서 행복하다.	———	
⋮	⋮	⋮	⋮	

고가의 옷을 빼앗는 학생

민호는 중학교 2학년으로 평소 특별한 이유 없이 자신보다 약한 친구들에게 잔심부름을 시키며 돈이나 물건을 빼앗는 행동을 자주 한다. 교실에서는 특별히 튀는 행동을 하거나 눈에 띄는 말썽을 일으키지 않는다. 오히려 조용한 편이며, 많은 아이와 어울리기보다는 친한 몇 명의 친구들과 어울려 다닌다. 이미 학기 초에 여러 차례 금품을 갈취하다가 들킨 적이 있다. 하지만 자신의 행동에 대해 깊이 반성하는 모습은 보이지 않는다.

그냥 잠깐 빌려 달라고

(복도에서 지나가는 친구를 부르며) "야, 너 입고 있는 점퍼 좋다. 한번 입어 보자."

"어? 어……. 알, 알았어."

(점퍼를 입어 보고는) "우와, 완전 짱이다. 나 이

거 좀 빌려 줘라. 괜찮지?"

"안, 안 되는데……."

(무섭게 쳐다보며 위협하면서) "야, ××야, 그냥 잠깐 빌려 달라는 건데 싫어? 맞고 줄래?"

"아, 아니야. 빌려 줄게."

교무실에서

(교무실에서 선생님과 민호가 마주 보고 있다.)

"민호야, 너 왜 자꾸 친구들 옷을 뺏어?"

"뺏은 거 아니에요. 그냥 빌린 건데."

"빌렸으면 돌려줘야지. 그리고 친구들이 싫다는데 강제로 빌려 달라고 그런

거잖아."

(발끈하며 크게 외치듯) "누가 그래요? 아, 진짜 짜증나."

"너 저번에도 친구들 돈 뺏다가 걸려서 다신 안 그러겠다고 약속했잖아."

"요즘엔 돈 안 뺏는단 말이에요."

"들어 보니깐 다른 애들한테 심부름도 시키고 물건도 뺏고 하던데, 도대체 왜 그러니?"

고가의 옷이나 물건을 강제로 빼앗는 아이

자기보다 힘이 약한 아이들을 상대로 자신이 마음에 드는 옷이나 물건을 강제로 뺏거나 빌려 달라고 한 후에 돌려주지 않는 사례다.

교사의 대처

민호의 담임교사는 한 학부모로부터 전화를 받고 민호가 친구들의 물건이나 돈을 빼앗는다는 사실을 알게 되었다. 전화를 건 학부모는 매우 화가 난 상태였으며 직접 민호의 부모님을 만나야겠다고 했다. 우선 담임교사는 흥분한 학부모에게 자신이 잘 알아보고 처리할 테니 기다려 달라고 요청하고는 민호의 문제 행동에 대해 알아보았다.

민호에게 옷이나 물건을 빼앗긴 아이들은 학급에 5~6명 있었다. 특히 한 명의 아이가 지속적으로 돈을 빼앗기고 심부름을 하는 등 괴롭힘을 당하고 있었다. 우선 담임교사는 민호의 부모님에게 이 사실을 알렸다. 민호의 아버지, 어머니는 모두 직장을 다니고 계시며 경제적으로 넉넉한 편으로 보였다. 민호의 부모님은 민호에게 충분한 용돈을 주고 필요한 물건을 충분히 사 주는데도 민호가 왜 친구들의 돈이나 물건을 뺏는지 의아해하셨다. 민호가 한 사실을 자세히 말씀드리자, 아버지는 책임지고 다시는 그러지 않도록 집에서 잘 타이르겠다고 약속하시면서 본인이 직접 피해학생의 부모님께 연락을 해서 돈을 갚고 사과를 드리겠다고 하셨다. 담임교사는 민호에게 그동안 잘못한 행동에 대한 사과와 함께 그동안 빼앗은 물건을 돌려주도록 지시하였다. 그리고 학급 내에서 일정 기간 동안 봉사활동을 하게 하였다.

이후 담임교사는 종종 민호를 불러서 잘 생활하고 있는지 이야기를 하고자 했는데, 그때마다 민호는 별다른 말이 없었다. 담임교사가 민호를 만날 수 있는 시간도 일주일에 두 시간 수업 외에는 특별히 내기가 어려운 상황이어서 거의 이야기를 나누기가 어려웠다.

그러던 중에 민호가 다시 친구들의 옷이나 물건을 빌려가서 돌려주지 않는다는 이야기가 들렸다. 또한 그 과정에서 반발하는 친구들에게 폭행을 하기도 하면서 민호의 문제가 점차 심각해지고 있다.

교사의 대처 방법 분석

잘한 점

- 민호의 문제 상황을 파악하는 일에 적극적인 노력을 하였다.
- 흥분한 피해학생의 부모님의 입장을 잘 들어주면서 흥분이 가라앉도록 하였다.
- 민호의 부모님께 상황을 신속하게 알리고 도움을 요청하였다.
- 문제 상황을 정리한 후에 지속적으로 민호와 만나서 대화하려고 노력하였다.
- 빼앗은 물건을 돌려주게 하고 학급에서 문제 행동에 대한 적절한 처벌을 제시하였다.

개선할 점

- 민호의 반복되는 문제 행동에 대한 근본적인 원인을 파악하기 위한 노력이 필요하다.
- 민호나 다른 학생들이 폭력행동을 줄이기 위한 전문적이고 구체적인 방법이 필요하다.
- 민호의 부모님에게 가정에서 할 수 있는 구체적인 지도 방법에 대한 조언이 필요하다.
- 민호의 문제 행동에 대해 담임교사 혼자서 감당하기보다는 학교 차원의 지원을 받아서 좀 더 효과적으로 도와줄 수 있도록 노력해야 한다.
- 민호에게 자신이 한 문제 행동이 얼마나 심각한 범죄인지 인지시켜 주어야 하며, 다시 문제 행동을 일으켰을 경우에 좀 더 엄격한 처벌을 받을 수 있음을 알려 주어야 한다.
- 민호만이 아닌 학급 전체를 대상으로 문제가 발생하지 않도록 적절한 예방교육이 필요하다.

상담적 접근

민호가 친구들의 돈이나 물품을 빼앗는 정확한 이유를 살펴보아야 한다. 부모님으로부터 충분한 경제적 지원을 받고 있는데도 지속적으로 친구들의 돈이나 물품을 빼앗는 것으로 볼 때, 문제 행동의 이유는 경제적인 필요가 아닌 다른 곳에 있다고 생각해 볼 수 있다. 민호가 가지고 있는 불만이나 채워지지 않는 욕구가 무엇인지 충분히 알아보려는 자세가 중요하다.

일반적으로 할 수 있는 관심과 배려

우선 민호의 생각이나 의견을 충분히 들어준다. 민호가 평소에 어떤 생각을 가지고 있는지, 왜 자신이 다른 친구의 돈이나 옷을 빼앗았는지, 그때 어떤 생각을 했는지, 지금은 무엇이 가장 큰 불만인지 등을 중간에 제지하거나 설득하려 하지 말고 충분히 들어준다. 자신의 입장에 대해 충분히 이야기를 하는 동안, 학생은 스스로가 자신의 행동에 대해 객관적인 태도로 새롭게 이해해 보는 경험을 할 수 있다. 또한 학생은 자신의 이야기를 충분히 들어주는 담임교사로부터 신뢰감과 안정감을 느낄 수 있다.

충분히 이야기를 들어준 후에는 정말 원하는 것이 무엇인지 물어보는 것이 좋다. 실제로 정말 가지고 싶은 물건이 있어서 돈이나 물품을 빼앗는 것인지, 아니면 다른 이유가 있는지 진지하게 물어본다. 혹시 다른 사람들로부터 인정받거나 주목받고 싶은 마음에서 그렇게 표현한 것은 아닌지, 혹은 다른 친구에게 힘을 과시하면서 만족감을 얻고 싶은 것인지 스스로 탐색해 보도록 물어본다. 담임교사가 문제의 원인을 찾아 주려 하지 말고 학생이 스스로를 탐색할 수 있도록 도와주는 것에 집중한다.

학생과 상담하기 위해 만났을 때는 학생이 저지른 문제 행동보다는 학생 전체를 바라본다. 교사가 학생을 변화시키기 위해서는 돈과 물건을 빼앗은 사실에만 집중하지 말고, 대화를 나누는 동안 학생을 문제아가 아닌 그 학생 자체로 인정해 주고 이해해 주려는 마음의 태도가 중요하다. 학생의 변화를 기대하는 교사의 태도는 학생의 마음을 움직일 수 있다.

구체적인 전략

충분한 대화를 통해 민호가 자신의 잘못된 사고를 바꾸도록 도와주어야 한다. 민호는 자기가 다른 친구보다 힘이 세다는 것을 보여 주기 위해서 친구들의 돈이나 옷을 빼앗았을 수 있다. 이는 자신이 힘으로 돈이나 물건을 빼앗는 모습을 다른 사람들이 보았을 때 자신을 무시하지 못하고 대단하게 여길 것이라는 잘못된 사고가 밑바탕에 깔려 있을 수 있다. 이에 지속적인 질문과 대화를 통해 학생 자신이 가진 역기능적인 사고를 스스로 깨닫도록 도와주려는 것이다. 민호의 역기능적인 자동적 사고를 찾아내기 위해 아론 벡(Aaron Back)이 개발한 '하향 화살표' 기법을 사용할 수 있다. 하향 화살표 기법은 특정 사건의 자동적 사고에 대해 '과연 이 자동적 사고가 나에게 무엇을 의미하는가?' 라는 물음을 계속 던짐으로써 좀 더 심층적인 부적응적 신념을 탐색해 나가는 기법이다.

> 교사: 친구들 옷을 뺏으면서 어떤 생각이 들었는지 말해 볼래?
> 학생: 그냥 갖고 싶기도 하고, 내가 세다는 걸 보여 주고 싶었어요.
> 교사: 왜 힘이 세다는 것을 보여 주고 싶지?
> 학생: 힘이 세면 아무도 무시하지 않으니까요.
> 교사: 무시당하지 않는다는 건 어떤 의미니?
> 학생: 그냥 내가 하고 싶은 대로 할 수 있어요.
> 교사: 하고 싶은 대로 하고 사는 건 어떤 의미니?
> 학생: 하고 싶은 대로 하고 살면 좋은 거잖아요. (계속)

학생을 설득하거나 충고하려 하지 말고 이처럼 대화를 하면서 학생이 가지고 있는 부적응적인 신념에 대해 스스로 접근하여 잘못됨을 깨닫도록 하는 것이 좋다. 인지치료적 접근에서 교사의 역할은 학생이 자신이 가진 잘못된 생각을 스스로 찾아내어 확인하고 수정할 수 있도록 지속적으로 격려해 주는 것임을 명심해야 한다.

문제 행동에 대한 조치 후에는 다시 문제 행동이 반복되지 않도록 지도하는 것이 매우 중요하다. 이를 위해서는 해당 학생에 대한 지속적인 면담이나 개인상담이 이루어져야 한다. 돈이나 물건을 빼앗는 행동의 경우 반복된다면 습관화되기 쉬우며 추후 심각한 문제로 확대될 위험이 크기 때문에 특히 추후 지도가 중요하다고 할 수 있다. 이때 주의할 것은 이 모든 것을 담임교사 혼자서는 감당할 수 없다는 것이다. 담임교사 혼자서 모든 책임을 지고 해결하기보다는 주변의 인적자원에 협조를 구하는 것이 바람직하다. 해당 학생의 부모님이나 동료 교사 및 학교 관리자, 학교 내 전문상담교사, Wee(클래스, 센터, 스쿨 등), 지역 내 전문상담인력 등 다양한 사람의 협조를 얻어 지속적인 추후 지도를 하도록 노력하는 것이 좋다. 상담전문가를 컨설턴트(consultant)로 두고 문제 행동을 한 학생을 맡고 있는 여러 교사가 컨설티(consultee)로 참여하는 방식의 학교상담 컨설테이션(consultation) 모델을 적용하는 것도 좋은 효과를 거둘 수 있다. 학교상담 컨설테이션은 각자가 해당 분야의 전문가적 입장에서 공동 주제에 대해 의견을 나누고 적절한 해결 방법을 함께 모색해 볼 수 있는 장점이 있다.

돈이나 물건을 빼앗는 문제 행동이 교실에서 일어난 경우에는 문제를 일으킨 학생만이 아니라 학급 전체를 대상으로 예방교육 및 추후교육이 실시되어야 한다. 이때 일회성 교육이 아닌 장기적인 계획을 가지고 학교폭력 예방 프로그램을 운영하는 것이 좋다. 학급에서 문제가 발생하지 않더라도 평소에 주기적으로 다양한 학교폭력 문제에 대한 예방 차원의 교육 및 상담 프로그램을 진행하는 것이 건강하고 바람직한 학급문화를 가꾸는 데 도움을 줄 것이다. 담임교사가 직접 학교폭력 예방 프로그램을 구성하여 운영할 수도 있겠지만, 여러 기관에서 개발 · 보급한 자료에서 적절한 프로그램을 선택하고 학급 상황에 맞게 수정하여 활용하는 것이 좀 더 쉽고 효율적일 것이다. 참고로 학교폭력 예방 프로그램의 경우 청소년폭력예방재단에서 실시하는 '내가 바로 지킴이' 라는 초 · 중등용 학급별 프로그램, 중학생을 위한 학교상담 프로그램(강진령, 유형근, 학지사, 2009) 등 다양한 자료가 개발 · 보급되어 있다.

심하게 언어폭력을 하는 학생

가해학생은 전직 교사였던 할아버지, 명문대학교를 졸업하고 10여 년 동안 고시공부를 하고 있는 아버지와 직장에 다니는 어머니, 공부를 아주 잘하는 중학교 3학년인 언니와 언니보다 더 공부를 잘하는 초등학교 5학년 남동생을 둔 소도시 중학교 2학년 여학생이다. 가해학생도 언니나 동생보다는 조금 못하지만 학년에서는 공부, 예체능 등 못하는 것 없이 다 잘해서 남들이 부러워할 정도다. 그런 가해학생이 학급 친구의 약점을 잡아 친구들 앞에서 집중적으로 언어폭력을 가하고 무시하여 다른 친구들까지도 덩달아 무시하는 상황을 만들었다. 이 사실은 피해학생의 친구가 담임교사에게 알려 온 상황이다.

공부를 잘하는 아이가 너한테 그런 말을 하다니

"진희야, 요즘 고민 있니?"

"헉, 어떻게 아셨어요? 누가 그래요?"

"그건 비밀이고. 요즘 진실이 때문에 학교에 다니기 싫다고 했다던데 정말이니?"

"이거 말하기 불안한데……."

"왜, 비밀이 샐까 봐?"

"네, 그러면 또 진실이 고자질쟁이라고 무시할까 봐요."

"걱정 마. 선생님이 그런 것도 막지 못할까 봐? 걱정 말고 얘기해 봐. 그래야 문제가 풀리지."

"걔가 자꾸 친구들 앞에서 저를 막 무시해요."

"네가 걔한테 뭘 잘못한 거 아니야? 잘못한 게 없는데도 무시한다고?"

"아니요, 전 걔한테 잘못한 게 없어요. 근데 저는 공부를 못하고 자기는 공부도 잘하고 똑똑하니까 그러는 거 같아요. 제가 좀 느리고 공부도 못하잖아요. 그래서 그런지 '수준이 딸린다.' '이것도 못 푸냐.' '멍청하긴' '이래서 인생 어떻게 살래?' 라는 말을 많이 해요. 그것도 친구들 앞에서요. 그리고 밥을 많이 먹는다고 '멍청한 게 돼지하고 똑같다.' '공부도 못하는 게 쓰레기 같다.'

고도 했어요. 내가 참고 있으면 그러지 않을 거라고 생각했는데 그게 아니었어요. 이젠 학교 다니기도 싫어요."

"허 참, 진실이가 너한테 그런 말을 하다니, 이거야 원. 그렇게 안 봤는데……. 어머니도 이 사실을 아시니?"

"엄마가 이런 이야기 들으시면 너무 속상해하실까 봐 얘기 못했어요."

"그럼 당분간 어머니에겐 말씀 드리지 마라. 우선 진실이와 진실이 부모님하고 먼저 상담하고 네 문제를 해결해 볼게.

우리 집에서는 제가 제일 공부를 못해요

"진실아, 네가 진희에게 무시하는 말을 많이 해서 진희가 학교 다니기 싫어한다는 말을 들었는데, 그게 무슨 말이니?"

"……."

"나는 네가 공부를 잘하는 애라 이런 일을 했다는 게 믿을 수가 없어. 네가 정말로 그랬니?"

"그러려고 그런 게 아니라요……."

"그걸 지금 말이라고 하니? 네가 뭐가 부족해서 진희를 괴롭혀? 너랑 경쟁자도 아니고 이게 말이 되니? 왜 그랬어?"

"저도 잘 모르겠어요. 흑흑흑……."

"너 지금 장난하니? 네가 하고도 모른다는 게 말이 돼?"

"정말 왜 그러는지 잘 모르겠는 걸 어떻게 해요. 저도 모르게 그런 말이 나온

단 말이에요."

"이유가 뭔지는 부모님께 알아보면 되겠지만, 나는 네가 이럴 줄은 정말 몰랐다. 부족한 학생을 돕지는 못하고 그렇게 괴롭혔다는 것이 밉고 화가 나. 믿는 도끼에 발등 찍힌 느낌이야."

"죄송해요. 근데 누가 너무 공부 못하고 답답하게 굴면 속이 터져요. 보기도 싫고요."

"가엽고 도와주고 싶은 마음이 드는 게 아니고 보기 싫다고? 네가 도와주면 되잖아."

"저도 공부 못하는 걸요."

"네가 공부를 못한다고? 우리 반에서 항상 1등을 하는데?"

"우리 집에서는 제가 제일 공부를 못해요."

자기보다 부족한 친구의 약점을 잡아 친구들 앞에서 언어폭력을 하는 아이

가정에 별 문제가 없어 보이는 여학생으로, 공부를 잘하고 똑똑하며 주위에 친구들이 많으나 느리고 공부 못하는 등 자기보다 못한 친구에게 언어폭력을 하는 경우다.

교사의 대처

피해학생과 상담 결과, 피해학생은 지난 두 달 동안 담임교사에게 이야기한 언어폭력 내용 그대로를 가해학생에게서 들어왔고, 가해학생의 친구들도 자신에게 똑같은 말로 무시하는 바람에 더 미칠 것 같다고 한다. 2개월 동안 당하고 나서 사이버 상담실에 의뢰하여 상담을 하였으나, 마음 약하고 자신감도 없는 자기로서는 해결책이라고 준 답을 실천할 수가 없었다고 한다. 또 그 방법이 통하지 않으면 가까이 지내지 말라고 했다는데, 가까이 지내지 않아도 당하는 상황이라 답답해서 고민하던 중에 친구가 이 사실을 알게 되었고, 그 친구가 선생님께 알린 것이다.

학급에서 공부를 가장 잘하는 학생이 이런 일을 했다는 것에 화가 난 교사는 가해학생을 불러서 부족한 친구를 돕지는 못하고 괴롭혔다는 것이 밉고 화가 난다며 믿는 도끼에 발등 찍힌 느낌이라고 말했다. 가해학생은 교사의 말에 울면서 집안 이야기를 했다. 가해학생의 3남매는 어린 시절부터 할아버지에게서 한자, 영어, 독서 등의 교육을 꾸준히 받았고 학교에 다니면서부터는 각종 학원에 다녔는데, 언니와 동생은 학년에서 월등하게 1등을 했으나 가해학생은 월등한 1등은 아니었다는 것이다. 그래서 학년에서 공부를 제일 잘해도 마음이 늘 불안하고 자기는 공부를 잘하는 것 같지 않다고 생각한다는 것이다. 교사는 가해학생이 딱했지만 다음 날에는 피해학생과 그 부모의 입장을 생각해 보고 사과 편지를 써서 피해학생의 마음을 풀어 주라고 하였다.

가해학생의 엄마와 상담을 해 보니, 가족은 물론 친가 쪽 거의가 공부를 잘해서 모이기만 하면 자랑인데 가해학생은 아무리 학급에서 1등을 하고 상을 많이 받아도 전교 1등도 아니고 시골에서 잘해 봐야 아무것도 아니라면서 전국 단위로 보고 더 잘해야 한다는 소리를 종종 들었다고 한다. 특히 엄마는 고시공부에 너무 오래 매달려 있는 남편 때문에 혼자 돈을 벌어야 하는 상황이 힘들어서 더 심하게 다그친 것 같다는 것이다.

담임교사는 가해학생의 엄마에게 가해학생과 피해학생의 심각성을 알리고, 가해학생이 다른 학생들보다 잘하고 있으니 스트레스 없이 공부하도록 해 달라고 부탁하였다. 그 후 한동안 가해학생과 피해학생 사이에는 문제가 없어 보였다. 그런데 어느 날부터 피해학생은 또다시 우울해 보이기 시작했다. 가해학생이 언어폭력은 사용하지 않았지만 아예 말을 하지도 시선을 주지도 않음으로써 피해학생에게 또 다른 무언의 따돌림을 하고 있었던 것이다.

교사의 대처 방법 분석

잘한 점

- 피해학생이 담임교사에게 자신의 문제를 누가 알린 것인지 묻는 질문에 '비밀'이라고 말하고, 고자질쟁이라는 소리를 들을까 염려하는 모습에 걱정 말라고 함으로써 담임교사를 믿고 상담할 수 있도록 해 주었다.
- 피해학생의 말을 진지하게 받아들이면서 상담의 분위기를 조성하여 피해학생에게 있었던 사실을 솔직하게 말하도록 하였다.
- 엄마가 아시면 속상해하실까 염려하는 피해학생의 아픔에 공감하면서 적극적인 문제 해결의 의지를 보였다.

개선할 점

- 피해학생이 가해를 당하는 원인을 피해학생에게 돌릴 것이 아니라 무조건 공감하고 수용할 필요가 있다.
- 피해학생에게 또래상담 활동을 할 수 있도록 도울 필요가 있다.

_ 공부를 잘하는 학생은 다른 학생에게 피해를 끼치지 않을 것이라는 편견을 없애야 한다.
_ 가해학생 역시 또 다른 피해자이므로 따뜻한 위로와 공감 및 수용이 필요하다.
_ 학급에서 영향력을 미칠 수 있는 학생들은 어떤 행동을 해야 하는지 학급 전체에게 지도할 필요가 있다.
_ 가해학생이 하는 행동을 분별없이 따라 하고, 이를 말리지 못하는 가해 협력자들에 대한 지도가 필요하다.
_ 피해학생이 또다시 무언의 따돌림을 당하고 있는 이유가 무엇인지 알아볼 필요가 있다.

상담적 접근

일반적으로 할 수 있는 관심과 배려

피해학생을 위한 상담활동

[또래상담 활동으로 피해학생 돕기]

또래상담자 교육을 받은 학생을 선정하여, 피해학생이 가해학생으로부터 괴롭힘 당하는 것을 막음과 동시에 가해학생이 언어폭력을 하는 것에 대해서 바르게 대처하고 우울에서 벗어나도록 돕는다.

[담임교사가 개인 상담하기]

- 피해학생을 제때에 다루어 주지 못할 경우, 피해학생은 불안, 우울 등의 부정적인 정서가 발생할 수 있고, 드물게는 가해학생으로 바뀔 수도 있기 때문에 바로 대처해야 한다.
- 교사는 피해학생과의 상담에서 먼저 무조건 공감하고 수용해 준 다음 상담을 이어 가야 한다.
- 친구들이 괴롭히는 약점 중에서 고칠 수 있는 것은 고치도록 한다. 하지만 쉽게 고칠 수 없는 약점이라면 그에 대해서는 신경 쓰지 않으면서 문제를 극복할 수 있는 자신만의 방법을 찾도록 돕는다.
- 피해학생의 장점을 찾는다. 피해학생은 도와주는 친구가 있는 것으로 보아 어느 정도의 사회성을 가지고 있을 뿐 아니라, 자신의 문제를 사이버 상담실에 의뢰할 정도로 문제를 극복하려는 의지와 용기를 가지고 있다. 이런 점을 찾아 칭찬하고 격려함으로써 학생 스스로 자존감을 가지고 자신 있고 당당한 생활을 하도록 돕는다.
- 피해학생이 자기가 당하는 언어폭력에 대해 자기 감정을 바르게 표현하도록 돕는다. 지금까지 피해학생은 언어폭력을 당할 때 한마디도 하지 못하고 그대로 당하고 있었다. 지금까지 당한 내용을 중심으로 그때의 느낌과 기분이 어떠했는지 '나-전달법'을 이용하여 표현해 보도록 연습시키고, 앞으로 그런 일이 또 발생하면 당당하게 자기 감정을 표현하여 가해학생이 함부로 대하지 못하도록 대비한다.

[학급 분위기를 파악하여 자리 배치하기]

담임교사는 각 학생이 차지하는 학급 내의 사회적 위치를 점검해 두고 괴롭힘 예방을 염두에 두며 자리를 배치한다. 학급에는 리더, 인기아, 비인기아, 배척아 등이 있다. 바람직한 학급 분위기를 조성하기 위해 짝꿍을 자주 바꾸어 주되, 자기가 좋아하는 친구와 앉게 하는 대신 사과하고 싶은 것이 있는 친구 또는 도움을 주고받을 수 있는 친구와 앉게 하는 등 사회적 위치를 고려하여 자리를 배치한다.

가해학생을 위한 상담활동

[가해학생과 상담하기]

- 가해학생을 충분히 공감해 준다. 가해학생의 가정환경으로 보아, 가해학생의 행동은 상당 부분 공감할 수 있는 부분이 있다. 학년에서 공부를 가장 잘해서 친구들이나 학부모들에게는 부러움의 대상이지만 가정에서는 못한다고 잔소리를 들으니 반발하는 심리가 생길 수도 있다. 이러한 화가 엉뚱하게 공부 못하고 자신감도 부족한 피해학생에게 향할 수도 있다. 교사는 이런 상황을 충분히 공감하면서 가해학생의 마음을 위로해 줄 필요가 있다.
- 가해학생이 피해학생을 괴롭히는 행동은 바로 멈추도록 해야 한다. 잘못된 행동에 대한 규제와 개입이 제때에 이루어지지 않으면 학생은 죄의식

을 느끼지 못한 채 같은 행동을 반복할 수 있다.

- 피해학생의 기분이 어떨지, 그리고 자신이 직접 그런 일을 당한다면 어떻게 할 것인지 생각해 보게 하여 피해학생에 대해 공감할 기회를 준다.
- 가해학생이 또다시 무언의 따돌림을 하는 이유를 알아보고, 상황에 맞는 적절한 지도가 필요하다. 앞에서 교사의 개입에 의해 쓴 사과편지에는 진심이 담겨 있지 않을 수도 있다. 이것이 사실이라면 아이의 마음을 다시 살피고 진심으로 잘못을 깨닫도록 도와야 한다.

[가해학생 부모와 상담하기]

부모님이 함께 참여하는 상담을 할 필요가 있다. 이 사례는 공부를 잘하는 집안의 자녀들에게 얼마든지 발생할 수 있다. 이런 경우 학부모에게 가해학생이 처한 상황과 문제 행동을 소상히 알리고 부모 스스로 개선점을 찾도록 돕는 것이 좋다.

- 그동안 가족의 대화 방식에 문제점은 없었는지 가족과 상의하고 그동안의 대화 방식에 변화를 주도록 한다.
- 자녀의 마음을 읽고 그동안 불편했을 학생에게 진심으로 공감하고 사과하는 분위기를 조성한다.
- 화를 낼 수는 있지만 그 때문에 남에게 정신적 · 신체적 피해를 주어서는 안 된다는 점을 이해시킨다. 가해학생이 가정에서 받은 스트레스를 학교에서 엉뚱한 학생에게 풀고 있을 가능성을 생각하게 하고, 자녀가 가정에

서 느끼는 분노를 적절하게 표현할 수 있는 방법을 찾도록 한다.

- 꾸준한 대화를 통하여 자녀가 스트레스를 바람직하게 풀 수 있는 방법을 찾도록 한다.
- 부모가 학교활동에 참여하여 자녀에게 관심과 애정이 있음을 보여 주고 담임교사와 꾸준히 상담을 하게 한다. 경우에 따라서는 교육청 소속 전문 상담가나 가족전문상담가와의 상담을 권유한다.

구체적인 전략

학급 전체를 상대로 언어폭력 예방 프로그램 실시하기

[언어폭력 테스트하기]

다음과 같은 내용의 무기명 언어폭력 설문지를 만들 수 있다.

1. 나는 친구들에게 언어폭력을 당한 적이 있는가? 그렇다면 그 이유는 무엇인가?

   (   )

   1.1. 언어폭력을 당했다면 어떤 말을 들었는가?

   (   )

2. 나는 친구에게 언어폭력을 한 적이 있는가? 그렇다면 그 이유는 무엇인가?

( )

2.1. 언어폭력을 했다면 어떤 말을 했는가?

( )

3. 만약 내가 언어폭력을 당한다면 어떻게 대처할 것인가?

( )

4. 누군가가 언어폭력을 당한다면 도울 수 있겠는가? 그렇다면 그 이유는 무엇인가?

( )

5. 언어폭력을 당하는 장면을 본 적이 있는가? 있다면 육하원칙에 따라 써 보자.

( )

6. 자신이 언어폭력을 이겨 낸 경험이 있다면 어떻게 이겨 냈는지 써 보자.

( )

7. 언어폭력을 경험하게 된다면 어떻게 이겨 낼 것인지 써 보자.

( )

8. 설문지를 작성하면서 느낀 점을 써 보자.

( )

[언어폭력 설문지를 작성한 뒤 발표회 갖기]

언어폭력 설문지를 작성하고 나서 발표회를 가지면 자신만이 피해를 입은 것이 아니라는 사실을 알게 되고, 친구들의 솔직한 고백을 들으면서 타인의 아픔에 대한 공감 능력이 향상될 수 있다. 아울러 친구들과의 친화력이 커져서 함께 문제를 해결하려는 의지가 생길 수 있다.

[단점을 장점으로 바꾸는 활동하기]

우리는 누구나 장점과 단점을 가지고 있다. 흔히 단점을 나쁜 것으로 생각하는 경향이 있지만 반드시 그런 것은 아니다. 어떤 상황에서는 단점이 오히려 장점으로 작용하기도 한다. 단점을 장점으로 바꾸어 생각하는 법을 연습해 본다.

단점을 →	장점으로
키가 작다.	귀엽다, 꼬마들이랑 잘 논다.
장난이 심하다.	밝고 명랑하다, 친구들과 잘 어울린다.
수다스럽다.	말을 잘한다, 재미있다.
말이 없다.	남과 다툼이 적다.
조용하다.	차분하다, 문제를 일으키지 않는다.
뚱뚱하다.	영양이 좋아 보인다.
불같이 화를 낸다.	뒤끝이 없고 화끈하다.
자기 의견을 잘 표현하지 않는다.	남의 이야기에 귀를 기울인다.
많이 먹는다.	건강하고 식욕이 좋다.

가해학생과 상담하기

[분노를 관리하는 방법 지도하기]

- 분노는 비정상적인 것이 아니라 정상적인 정서임을 이해시킨다.
- 분노 때문에 화를 내는 것은 괜찮지만 그 때문에 남에게 정신적 · 신체적 피해를 주는 것은 안 된다는 것을 이해시킨다.
- 가해학생에게 언어폭력을 하고 난 뒤의 느낌이나 생각이 어떠했는지 되돌아보게 한다. 가해학생이 말로 표현하지 못하면 언어폭력 후에 속이 후련해지는지, 친구들에게서 인기를 더 얻는지, 기분이 좋아지는지 등을 구체적으로 물어보면서 가해학생에게 자신의 내면을 들여다보게 한다.
- 언어폭력이 장기적으로 지속될 경우에 어떤 결과를 가져올지 스스로 생각해 보도록 하고 사례를 들어 준다.

[긍정적인 리더십 가르치기]

- 좋은 리더가 되려면 자기가 대접받고 싶은 대로 남을 대접하는 태도가 중요하다는 점을 인식하게 한다.
- 공부를 잘하고 똑똑한 능력을 어떻게 활용하는 것이 바람직할지 생각해 보게 한다.

방관하는 학생 지도하기

- 가해학생의 가해행동을 방관할 경우 학교에서는 끊임없이 괴롭힘이 지속될 것이며 방관하는 학생 자신도 희생자가 될 수 있다는 점을 생각하게 한다.
- 공감 능력 향상 프로그램을 통해 학생들의 공감 능력을 향상시킨다.
- 폭력적인 가해행동이 쉽게 일어날 수 없도록 학생들의 친밀감과 유대관계를 강화하고, 학급과 학교에 서로를 인정하고 존중하는 긍정적인 분위기가 넘치도록 이끈다.

심하게 욕설을 하는 학생

철민이는 중학교 1학년 남자아이이다. 부모의 이혼으로 아버지와 단 둘이 생활하고 있다. 화물차 기사인 아버지의 잦은 이동으로 전학을 자주 다녔다. 방과 후에는 특별히 학원이나 학교 보충수업에 참여하지 않고 전에 다니던 다른 학교 학생들을 만나는 경우가 많다. 학습은 매우 낮은 수준으로 학습 능력이 많이 떨어져 있다. 특히 욕설과 놀리는 말로 같은 반 친구를 지속적으로 위축되게 하거나 괴롭힌다.

쉬는 시간

"야, 이 새×야, 너 어제 왜 내 문자 씹었어? 답장도 안 하고."

"그 시간에 학원 수업이 있었어."

"병×새×, 네가 학원에서 공부하면 얼마나 한다고 지×이야, 돌대××가."

"야, 철민아, 너 민석이한테 너무 심한 거 아냐?"

"괜찮아 저 새× 생긴 건 꼭 ×만한 새대××처럼 생겨가지고. 저 새×는 욕을 더 먹어 봐야 정신차린다고. 너, 그리고 어제 내가 해 오라는 숙제해 왔어?"

"아니 아직 못했어. 영어시간까지 다 해 놓을게."

"봐라, 저 새×, 이래서 내가 저 새×한테 욕을 한다니까. 어유 속터져, 병×새×."

철민이가 민석이를 괴롭혀요

“선생님, 철민이 말이에요…….”

“응, 철민이가 왜?”

“걔 때문에 민석이가 많이 힘든 것 같아요…….”

“아니, 왜 그렇게 생각하는데?”

“철민이가 민석이한테 자주 상처 주는 이야기를 하고 그래요.”

“어떤 이야기를 하는데?”

“민석이가 지나가면 욕도 하고 외모 가지고 놀리는 것 같아요. 꼭 ××같이 생긴게 지×한다고요. 그리고 학교 밖에서는 핸드폰으로 민석이한테 막 욕을 하나 봐요. 게다가…….”

"게다가 뭐?"

"학교 숙제도 대신해 오게 하나 봐요."

"그래? 알았어. 선생님이 민석이하고 이야기를 좀 해 봐야겠구나."

너무 마음이 아파요

"민석아, 친구들이 그러는데 철민이가 너한테 자주 심한 말을 한다는데, 그게 사실이니?"

"……."

"민석이가 말하기 싫은가 보구나. 말하면 철민이가 또 괴롭힐까 봐 그러니?"

"……그건 아니고요."

"괜찮아. 선생님이 민석이를 도와주고 싶어서 그러는 거니까."

"……."

"혹시 쉬는 시간에 심한 말로 너를 놀리니?"

"(마지못해) 그런 경우도 있어요. 하지만 그보다……."

"그보다 뭐? 놀리는 것보다 더 심하게 말을 하는구나?"

"가끔 핸드폰으로 문자를 보내는데, 너무 힘들어요."

내 행동이 심하다고요

"철민아, 선생님하고 상담 좀 하자."

"상담이요? 제가 뭘 잘못했는데요?"

“뭘 잘못해야 상담하는 거니? 선생님이 요즈음 철민이가 어떻게 생활하는지 궁금해서 상담하자는 거야.”

“다 알아요. 민석이 때문에 그러시는 거죠?”

“그래, 말이 나왔으니 말인데, 선생님이 듣기에는 철민이가 민석이를 많이 놀린다고 하더라. 사실이니?”

“그건 뭐…….”

“게다가 심한 욕설도 한다면서?”

“……네. 하지만 장난으로 한 건데요, 뭐…….”

“너는 장난으로 그랬어도 민석이는 힘들고 괴로워하니까 다음부터는 그러지 마, 알았지? 더구나 상대방의 외모를 가지고 놀리는 건 야비하지 않니? 외모는 민석이도 어떻게 할 수 없는 거잖아."

"네, 알았어요."

"그리고 숙제도 해 오라고 했다면서?"

"어? 그건 그냥 부탁한 건데. 에이, 그 자식 그런 거까지 불었어."

"철민아, 너는 부탁을 했다고 생각할지 몰라도 당하는 사람이 그게 강압적이라고 생각한다면 그건 부탁이 아니야, 협박이지. 그리고 너는 잘 모르겠지만 민석이에게 한 네 행동은 학교폭력이 될 수 있어."

"어? 저는 민석이를 때리지 않았는데요."

"남을 욕하는 거, 협박하는 거, 비웃는 거, 놀리는 거와 같은 언어폭력도 학교폭력인 거야."

"네, 앞으론 안 그럴게요."

심한 욕설로 특정 학생을 지속적으로 괴롭히는 아이

타인의 인격을 무시하는 저속하고 야비한 말을 함으로써 특정 학생에게 심한 마음의 상처나 모욕감, 모멸감을 주는 경우다.

교사의 대처

담임교사는 학급 학생으로부터 철민이가 민석이를 괴롭힌다는 말을 듣고 먼저 민석이와 상담을 하였다. 하지만 민석이는 차후 철민이에게 당할 보복 때문인지 피해 상황에 대하여 구체적으로 진술하지 않았다. 따라서 철민이와의 상담을 통하여 가해 사실을 확인하였고, 행위의 잘못에 대한 이유를 지적해 주었다. 또한 다른 학생에게 신체적 폭행을 가하는 것뿐만 아니라 언어로 상처를 주는 것도 학교폭력이 된다는 사실을 알려 주었다. 이후 철민이의 생활을 관찰한 결과, 부모의 이혼으로 인한 어머니의 부재와 아버지의 직업으로 인한 잦은 전학 때문에 학교생활에 잘 적응하지 못하고, 학교 내 또래집단과 어울리기보다는 이전 학교의 친구들과 잘 어울린다는 사실을 알게 되었다. 철민이의 효과적인 생활지도를 위하여 아버지와의 상담을 시도하였으나 성공하지 못하였다.

교사의 대처 방법 분석

잘한 점

- 민석이에 대한 철민이의 언어폭력에 관한 정보를 얻게 되었을 때 신속하게 사실관계를 확인하였다.

_ 철민이에게 신체적 폭력만이 아니라 언어로 타인에게 상처를 입히는 것도 학교폭력이 될 수 있다는 정보를 알려 주었다.

_ 자신에게는 장난이나 부탁이 될 수 있어도 상대방에게 상처 또는 부담이 된다면 폭력이 될 수 있다는 사실을 알게 하였다.

_ 철민이의 효율적인 생활지도를 위하여 가정환경을 조사하였고, 실패하기는 하였으나 학부모와의 상담을 시도하였다.

개선할 점

_ 피해자인 민석이와의 상담을 좀 더 세심하게 전개할 필요가 있다.

_ 철민이가 욕설을 하게 된 원인을 알아볼 필요가 있다.

_ 부모상담을 통하여 가정과 연계하여 지도할 필요가 있다.

_ 자신의 심한 욕설 때문에 민석이가 상처를 받는다면 이는 단순한 욕설 행동이 아니라 언어폭력이 될 수 있음을 구체적인 방법으로 알도록 하여야 한다.

상담적 접근

일반적으로 할 수 있는 관심과 배려

• 철민이가 이전에 전학을 자주 다녔으므로 현재의 학교생활에 잘 적응하고

있는지 관찰해야 한다.

- 결손가정의 아동이므로 아버지와의 상담을 통해서 학교에서 보이는 철민이의 행동 특성과 그런 행동을 하는 이유를 이야기하고, 아버지로 하여금 철민이와 많은 대화 시간을 갖고 여러 가지로 세심하게 배려하도록 돕는다.
- 철민이가 심한 욕설을 하게 된 이유를 찾아보고 이를 수용하며 상담을 한다.

철민이처럼 타인을 괴롭힐 정도로 욕설을 하는 것은 언어폭력이기 때문에 이러한 행동을 하게 된 이유를 좀 더 자세히 찾아볼 필요가 있다. 일반적으로 청소년들이 하는 욕설은 다음과 같은 이유에서 나올 수 있다.

- 또래집단에서 단순히 재미를 추구하기 위해서 사용하는 경우로, 죄책감 없이 사용하면서도 자신이 남에게 폭력적 언어를 들었을 때에는 기분이 나쁘다고 인식한다. 이는 그 원인을 타인에 대한 배려심의 부족에서 찾을 수 있다. 따라서 타인의 관점을 간접적으로 경험해 보는 기회를 제공하여 자신의 언어생활을 반성해 보고 언어폭력의 심각성을 인식하게 할 필요가 있다.
- 고의로 다른 사람의 자아개념을 손상시킴으로써 자신의 우월감을 확인하고자 하는 경우로, 갈등 상황에서 상대방이 자신의 주장에 저항할 수 없도록 하는 것이다. 이는 잘못된 갈등 해결 전략을 사용하고 있기 때문이므로 올바른 갈등 해결 전략을 익히게 할 필요가 있다.

- 집단 내에서 동료들과 연대감을 확인하고자 하는 경우로, 집단의 분위기에 휩쓸려 별다른 의식 없이 함께 욕설을 가하는 것이다.
- 학업이나 기타 학교생활에서 오는 여러 가지 스트레스나 심리적 압박에 대한 표출 방식으로 욕설을 하는 경우다. 특히 철민이와 같이 여러 차례 전학을 다닌 경우에는 전학 온 학교에서의 적응에 대한 스트레스가 욕설이라는 형태로 표출될 수 있다.
- 가정에서 부모가 보이는 언어 습관의 영향을 받을 수 있다.

구체적인 전략

남의 입장이 되어 보는 역할극 제시하기

역할극을 하기 전에 교사는 학생들에게 다음과 같은 내용을 설명한다.

- 지금 우리 학급에서 다른 학생의 욕설과 놀리는 행동 때문에 괴로워하는 친구가 있다. 타인에게 상처를 주는 이러한 언어 행위는 폭력행동이라고 할 수 있다. 따라서 역할극의 초점을 이에 맞출 것이고, 역할극을 한 다음에는 서로의 역할을 하면서 느낀 점, 관객의 입장에서 보고 느낀 점 등을 토론할 것이다. 이를 통해 욕설을 하는 학생의 행동이 좋아지고 학급 분위기 전체가 개선되도록 할 것이다.
- 욕설이나 이상한 말을 하는 역할을 하는 학생 한 명, 욕설이나 이상한 말

을 듣는 역할을 하는 학생은 여러 명으로 나누어 역할극을 한다. 역할극에 참여하지 않는 학생들은 각 역할을 하는 학생의 입장이 되어 보면서 그들의 기분이나 느낌이 어떠할지를 생각한다.

- 역할에 참여하는 학생은 자발적으로 결정하도록 하되, 욕설로 다른 학생에게 상처를 준 학생(철민)은 관객이 되도록 한다.
- 담임교사는 역할극에 참여할 학생들을 따로 불러서 이번 역할극의 목적을 한 번 더 설명한다. 역할극을 실행할 상황은 지금까지 자신들이 경험했던 내용을 중심으로 학생들 마음대로 짜 보게 한다. 당하는 입장의 학생들은 당하기만 하는 학생, 대들어서 싸우는 학생으로 나누어 연기해 보도록 한다.
- 역할극 후 전체 토론 활동을 실시한다. 자유롭고 솔직하게 토론할 수 있는 분위기를 조성하여 학급 학생들이 생각하고 느낀 점을 마음껏 표현하도록 한다.
- 가해학생과 이야기를 나눈다. 학급 전체 토론을 마친 뒤에는 가해학생을 따로 불러서 친구들의 이야기를 듣거나 역할을 한 학생들의 입장에서 느낀 점, 자신이 지금까지 한 행동에 대해 느낌 점을 기록하게 한다. 기록한 내용을 보면서 욕이 나쁜 이유와 해서는 안 되는 이유, 그리고 자신의 행동으로 피해를 입은 학생의 심정 등을 추측해 보도록 하면서 이야기한다.
- 가해학생에게 앞으로의 다짐을 받아 둔다. 가해학생과 이야기를 나누고 앞으로의 다짐을 서약서에 받아 두며, 앞으로도 욕을 하거나 친구들을 괴롭히는 말을 하게 되면 여러 가지 처벌을 받을 것이라고 단호하게 말한다.

학급에서 언어폭력에 대한 예방교육 및 사후 지도 방안을 세워 실행하기

[학급 내 언어폭력의 사전 예방]

- 학기 초 학급 교육과정 편성 시 언어폭력(바르고 고운 말 쓰기)과 교육과정을 통합해서 운영할 수 있도록 조직한다.
- 학급 규칙을 학생들 스스로 만들어 볼 수 있도록 분위기를 조성해 준다.
- 교사의 바른 언어 사용이 항상 모범이 됨을 인지하고 생활화할 수 있도록 한다.
- 저학년의 경우 고학년 학생들이 쓰는 거친 언어 표현 및 속어, 은어를 모방할 수 있음을 감안하여, 모든 학년에서 올바른 언어지도 및 언어폭력의 근절을 위해 노력해야 한다.

[언어폭력 사후 지도 방안]

언어폭력은 교사의 백 마디 말보다는 학생 스스로 잘못됨을 인지하도록 돕는 행위가 중요하다고 할 수 있다. 언어폭력은 잠깐 멈추었다가 재발할 가능성이 많음을 감안할 때 지속적인 차원에서 문제를 해결하려고 노력해야 할 것이다. 학급 내에서 발생한 언어폭력에 대한 사후 지도 방안으로는 다음과 같은 것이 있다.

- 감정이입의 방법을 사용해서 가해자가 무엇이 잘못되었는지를 스스로 느낄 수 있도록 한다.

- 언어폭력에 대해 해당 학생만을 교육시키는 차원이 아니라 학급 친구들이 모두 힘을 합쳐서 그 학생이 잘못된 행동을 수정하는 것을 돕도록 지도한다. 예를 들면, 바른말을 사용했을 때 친구들이 그 학생의 스티커 판에 스티커를 붙여 주는 식으로 진행한다. 하루, 일주일, 한 달 단위와 같이 점차 시간을 늘려 가면서 지도한다.
- 수업 마지막 시간에는 그날 자신이 쓴 고운 말을 다섯 개 적거나 바르지 못한 말, 욕, 놀렸던 말, 비어, 속어 등의 말을 다섯 개 적음으로써 하루의 언어 행위에 대하여 반성하는 시간을 갖도록 한다.

너도 한번 당해 봐!

노골적으로 따돌리는 학생

은근히 따돌리는 학생

신체를 폭행하는 학생

습관적으로 구타하는 학생

2

노골적으로 따돌리는 학생

연지는 중학교 2학년 여학생이다. 지적 능력이 보통 아이들보다 다소 떨어지며 내성적인 성격을 지녔기 때문에 자신의 의사를 분명히 표현하지 못하는 경우가 많다. 더욱이 초등학교 시절에 안면장애가 있어서 수술을 하게 되었는데, 이로 인하여 많은 아이에게 놀림과 따돌림을 당하게 되었다. 이러한 사태는 중학교까지 이어지게 되었다. 특히 연지와 초등학교 시절에 같은 반이었던 학생이 다시 같은 반이 되면서 연지를 따돌리고 괴롭히는 상황은 더욱 심해졌다.

모둠원을 바꿔 주세요

"선생님, 이번 수학여행 때 방 배정 때문에 할 말이 있는데요."

"방 배정? 한 방에 여섯 명씩 해서 너희가 자율적으로 정하기로 했잖아."

"그런데 문제가 생겼어요. 우리 모둠 애들이 연지하고 같은 방을 쓰지 않으려고 해요."

"뭐야, 같은 반 친구끼리 같은 방을 쓰지 않겠다고? 이유가 뭐야?"

"연지하고 같은 방을 쓰게 되면 재수가 없대요."

"이 녀석들이 무슨 쓸데없는 말을 하는 거야. 너희 정말 혼나야겠구나. 그런 말을 누가 하는 거야."

"누가 그런 말을 하는 게 아니고 우리 반 아이들이 다 아는 사실인데요. 그리고 연지하고 같이 방을 쓰거나 같은 모둠이 되면 다른 친구들한테 왕따당한다고요."

"어허, 이놈들 정말 못쓰겠구나. 같은 반 친구한테 못하는 말이 없네. 그런 말을 들으니까 더 방을 바꿔 줄 수 없어."

"하지만……."

체육시간

"자 오늘은 피구 경기를 한다."

"앗싸, 신난다."

"그럼 팀을 짜도록 하는데 홀수, 짝수로 한다."

(팀을 짠 후에) "야, 저 병× 또 우리 편이야, 재수 없게. 우린 또 졌네."

"그래. 아예 빼 버리자."

"그건 너무하지 않니? 혹시 오늘은 잘할지도 모르잖아."

"얘 좀 봐라. 너, 연지 저 병× 편드는 거야?"

"그건 아니고, 불쌍하잖아."

"아니긴 뭐가 아냐. 명옥이 너 안 되겠다. 너도 재처럼 한번 당해 봐야 정신 차리겠네."

"그래, 너 요즘 부쩍 연지편을 들더라. 하여튼 잘해 봐라. 너도 저 병×처럼 대해 줄 테니까."

"현주야, 내가 잘못했어. 내가 약간 맛이 갔나 봐. 잠시 연지 저 병×이 불쌍해 보이다니. 네 말이 맞아. 저 병×은 재수 없어. 내 생각엔 아예 피구할 때 쟤만 공격해서 먼저 탈락시키라고 상대 팀에게 말하면 어떨까?"

현주와의 상담

"현주야, 너 초등학교 때 연지하고 같은 반이었다며?"

"네."

"그러면 누구보다도 연지를 잘 알겠구나."

"잘 몰라요. 친하지도 않았고, 저하고는 수준이 안 맞아요."

"수준이 안 맞는다고?"

"쟤는 지질이였어요. 공부도 못하고, 노는 것도 유치하고, 생긴 것도……. 하여튼 저하고는 안 맞아요."

"그래서 연지를 따돌리는 거니?"

"제가요? 누가 그래요, 연지를 따돌린다고?"

"선생님이 다 알아봤어. 네가 주도한다고 하던데."

"그건 모르시고 하시는 말씀이에요. 저뿐만 아니라 우리 반 애들 모두 싫어해요. 그리고 걔도 문제가 있고요."

"문제가 있다고? 연지가 공부는 조금 떨어지고 성격이 내성적이라 자기 표

현을 하지 않아서 그렇지 내가 보기에는 너희와 별다른 차이를 모르겠는데. 무슨 문제가 있는지 말해 줄래?"

"그건……."

"현주야, 선생님 생각에는 네가 지금의 연지보다는 과거의 연지 모습에 너무 집착해 있는 것 같은데. 그리고 다른 애들이 연지를 괴롭힌다면 연지를 잘 아는 네가 오히려 보호해 줘야 하는 거 아니니?"

특정 학생만을 집단으로 따돌리는 아이들

학급원들이 집단으로 특정 친구를 유난히 놀리거나 괴롭히고, 심지어는 때리기도 해서 심리적 · 신체적으로 피해를 가하여 정상적인 학교생활을 어렵게 만드는 경우다.

교사의 대처

담임교사는 연지가 학생들로부터 집단 따돌림을 당한다는 사실을 알고, 우선 피해학생인 연지와의 상담을 통하여 피해 사례를 파악하였다. 그리고 학급 학생들에게 이와 같은 행위는 매우 잘못된 것임을 알게 하였다. 또한 학생들을 대상으로 연지가 집단 따돌림을 당하는 원인을 파악해 보았다. 그 결과, 연지가 초등학교 시절부터 안면장애로 인한 수술 때문에 아이들에게 재수 없는 아이, 남에게 피해를 주는 아이, 놀면 안 되는 아이 등의 말을 들으면서 집단 따돌림을 당해 왔다는 사실을 알게 되었다. 특히 초등학교 당시 집단 따돌림을 주도한 아이들이 학급에서 리더 역할을 했던 아이들이었고, 그중에 한 명이 같은 반 현주였다는 것이다. 담임교사는 연지를 따돌리는 행위를 주도하는 현주와의 상담을 통하여 연지에 대한 현주의 부정적인 생각이 잘못된 것임을 알려주었다.

교사의 대처 방법 분석

잘한 점

- 피해학생에 대한 상담을 통해 사실 여부를 확인하였다.
- 연지가 집단 따돌림을 당한다는 사실을 알고 학급 학생들에게 그것이 부당하다는 것을 이야기하였다.
- 연지가 집단 따돌림을 당하는 원인을 파악하기 위하여 노력하였다.
- 집단 따돌림을 주도하는 현주에게 연지에 대한 과거의 부정적인 사고가 잘못된 것임을 알게 하였다.

개선할 점

- 피해학생인 연지와의 상담을 통해 사실관계는 파악하였지만 연지의 상처받은 마음을 풀어 주고 문제를 해결하는 구체적인 대처 전략을 제시하지 못하였다.
- 연지를 집단으로 따돌리는 행위를 주도한 현주와 상담할 때, 교사는 가해행위에 대한 부당함을 알려 주는 것도 중요하지만 가해학생인 현주도 심리적 · 정신적으로 상처를 받는다는 사실을 인지하고 현주의 현 모습을 수용하고 이해해 줄 필요가 있다.
- 집단 따돌림을 당한 학생이나 가해학생에 대한 부모상담이 이루어져야 한다.
- 괴롭힘을 당하는 학생의 심정을 알아보기 위하여 학급 전체를 대상으로 집단상담을 시도해 볼 필요가 있다.

상담적 접근

일반적으로 할 수 있는 관심과 배려

감정적 대처와 편견 버리기

집단 따돌림과 같은 문제를 접했을 때 교사의 심한 꾸중과 체벌, 폭력 등은 결국 가해 및 피해 학생에게 더 심각한 갈등과 불화를 일으킬 수 있으며, 학생과 교사 간의 반목을 조장하게 된다. 특히 피해학생과 가해학생에 대한 교사의 부적절한 개입과 편견어린태도, 감정적인 대처는 양측 학생들에게 더 큰 불화와 갈등을 조장하게 된다는 점을 명심할 필요가 있다. 따라서 교사는 모든 학생의 이야기와 불평불만의 소리를 주의 깊게 경청해야 하며, 편견이나 고정관념은 과감히 버려야 한다.

담임과 학교가 해야 할 일

[피해학생 상담 시 활용할 수 있는 전략]

• 따돌림 당할 소지가 있는 학생에 대한 계속적인 상담과 그에 대한 기록을 남겨 놓아야 한다. 그리고 그 학생의 학교생활 태도, 교우관계 등을 사전

에 기록한다.

- 피해학생을 도와줄 수 있는 학생을 찾아서 모둠을 만들어 주고 하루빨리 학급을 정상화시킨다.
- 따돌림 당하는 학생이 스스로를 지키는 간단한 전략을 배울 수 있도록 한다. 예를 들면, 피해학생이 별명 부르기 등의 괴롭힘을 당할 때 이를 무시해 버리는 행동 전략을 가정이나 학교에서 반복하여 활용하도록 한다.
- 피해학생은 다른 집단이나 학급에서 더 행복해질 수 있으므로 소속 집단을 바꾸어 줄 수도 있다.
- 자유시간에 학생을 보호하기 위해서 독서, 특별실 청소 등의 일을 제공할 수 있다. 이 경우 그 구역이 고립되지 않고 적절한 관리 · 감독이 이루어지는 곳인지를 확인하는 것이 중요하다. 이러한 전략은 피해학생의 새로운 흥미나 취미를 조장하고 자극하며, 자신의 특별한 기능을 증명해 보임으로써 집단 내에서 인정받을 수 있는 기회를 제공하며, 스트레스를 받는 상황에서 벗어나게 해 주는 효과가 있다.
- 만일 피해학생의 상태가 담임교사의 상담이나 지도로 해결되지 못한다고 판단될 경우 학부모 상담을 요청한다. 그래서 피해학생이 집단 따돌림을 당한 요인에 대해 설명하고, 적극적이고 전문적인 상담을 받게 할 것을 요청한다.

[가해학생 상담 시 활용할 수 있는 전략]

- 가해학생에게 집단 따돌림이 엄연한 폭력이고 법적 문제로 비화될 수 있다는 사실을 주지시켜 줄 필요가 있다.
- 행위의 결과만 가지고 처벌했을 때 진심으로 뉘우치는 가해자는 많지 않다. 오히려 반발하고 방어하고 뒤집어씌우기까지 하며, 피해학생이 고자질을 해서 자기가 혼나고 있다는 생각을 해 더욱더 교묘하게 피해학생을 괴롭힐 수 있다. 처벌이 중요한 것이 아니라 다시는 그런 행동이 발생하지 않도록 변화시키는 것이 중요하다. 따라서 교사는 가해학생이 진심으로 잘못을 인정하도록 지도해야 한다.
- 가해학생으로 하여금 어떤 형태의 공격적인 행동 양식도 결코 용납될 수 없다는 것을 이해하고 받아들이게 한다.
- 가해학생의 행동을 관찰한 후에 목록화하여 적절한 사회적 행동이 보이지 않을 경우 그러한 행동을 소개해 주고 학습하게 한다. 특히 가해학생이 괴롭힘의 대상뿐만 아니라 다른 친구들에게도 적절한 사회적 행동을 하였을 때 그에 대한 보상을 제공해 준다면 더욱 효과적이다.
- 다른 사람의 행동과 감정, 장점을 더 잘 이해할 수 있도록 다른 사람에 대한 가해학생의 태도를 바꾸어 준다.

[피해학생의 학부모 상담 시 유의 사항]

- 피해학생 부모의 입장에서 이야기를 해야 한다. 피해학생 부모는 자녀의 피해 때문에 감정이 상한 상태이기 때문에 집단 따돌림의 원인이 자신의 자녀라고 말하는 것은 아닌가 하는 오해를 해 교사에게 서운함을 느낄 수 있다.
- 대부분의 피해학생 부모는 단지 자기 자식이 피해를 입은 사실에만 집착하지, 근본적으로 이러한 문제가 왜 일어났고, 또 앞으로 어떻게 해결해야 할 것인지에 대해서는 무관심할 수 있다. 그래서 담임교사는 앞으로 피해학생이 원만한 학교생활을 하기 위해 무엇이 필요한가에 초점을 맞추어서 피해학생 부모와 상담을 해야 한다.
- 피해학생이 무슨 이유에서 따돌림을 당하는지, 가해 주동자가 누구인지 파악하여 자녀가 대처할 수 있는 방법을 상의한다. 또한 부모로서 자녀를 너무 이기적으로 키우지는 않았는지, 공부만 하라고 너무 몰아세우지는 않았는지 등 자녀 양육 방식을 되돌아보도록 도와준다.
- '바보같이 따돌림을 당하느냐.' 또는 '네가 그러니까 따돌림을 당하지.' 하는 식으로 피해학생을 너무 몰아세우지 않도록 조언한다. 그런 대응은 가뜩이나 주눅 들어 있는 피해학생을 더욱 위축시키고 피해학생이 부모를 진정한 상담 대상으로 신뢰하지 못하게 만든다는 사실을 알려 주어야 한다.

[가해학생의 학부모 상담 시 유의 사항]

- 가해학생 부모가 '내 아이는 그럴 리 없다.'는 마음을 바꾸도록 해야 한다. 대개 자기 자녀는 아무 문제가 없다고 믿는 것이 대다수 부모의 마음이다. 하지만 집단 따돌림은 철저히 가정 밖에서 이루어지기 때문에 쉽게 눈치 채지 못하는 사이에 문제가 커진다. 따라서 학교나 피해학생의 부모가 연락을 할 경우 냉정하게 상황을 파악하고 협조하려는 자세가 필요하다는 것을 인식하도록 해야 한다.
- 가해학생에 대하여 관심을 가지고 애정어린 태도가 필요함을 강조한다. 무조건 꾸짖을 경우 반발심만 키울 수 있다. 가해학생 부모가 자녀에게 더 깊은 관심을 보이고 대화를 통해 피해학생의 심정이나 처지를 생각해 볼 수 있는 기회를 가지도록 한다.
- 남을 괴롭히는 학생들은 주위의 사랑을 갈망하는 경향이 있다. 외톨이가 되는 것보다 남을 괴롭힘으로써 얻게 되는 주목을 더 선호할 수 있다. 따라서 가해학생이 외로워하고 자신감이 결여되어 있는 이유를 부모와 상담할 때 함께 논의할 필요가 있다.

구체적인 전략

집단 따돌림의 심각성 인식시키기

집단 따돌림을 주도해서 피해학생의 마음이나 몸에 상처를 주면 심각한 형사적 · 민사적 처벌을 받도록 명시되어 있는 「아동보호법」과 「학교폭력예방 및 대책에 관한 법률」의 내용을 당사자인 학생과 학부모에게 분명하게 알려서 장난 삼아 그런 일을 하는 것은 용납되지 않는다는 사실을 강조한다.

또래관계 증진을 위한 집단상담 방법

- 만나기(애칭 짓기, 규칙 정하기)
- 친해지기(몸을 사용할 수 있는 게임으로 친밀감 높이기, 좋아하는 친구와 싫어하는 친구의 특징 살펴보기)
- 나와 또래관계 바라보기(잡지 등에서 평소 친구관계에서 자신은 어떤 모습을 하고 있는지 찾아 발표해 보기)
- 감정 다루기(감정 표현 카드 게임을 통해 자신의 감정 표현하기)
  - 당신은 어떨 때 큰 소리로 웃습니까?
  - 당신이 마지막으로 울었을 때는 언제입니까?
  - 당신이 가장 두려웠던 순간은 언제입니까?

- ____________일 때 나는 슬픕니다.
- 어떤 친구가 당신에게 '바보' 라고 하면 어떤 기분이 듭니까?
- 가장 행복했던 순간은 언제입니까?
- 학교에서 가장 기분이 나빴을 때는 언제입니까?
- 친구들이 당신에게 '너 바퀴벌레같이 생겼어.' 라고 놀린다면 어떤 기분이 들까요?

• 갈등 해결하기(갈등 상황 인식 카드 게임을 통해 갈등 상황에 필요한 적절한 대응책 찾기)

- 친구들과 싸운 적이 있습니까? 그렇다면 그 이유는 무엇입니까?
- 좋은 친구를 얻기 위해서 당신은 어떻게 해야 할까요?
- 나는 _____와 친구가 되고 싶었는데 _____때문에 친구가 되지 못했던 것 같습니다. 그러므로 앞으로 나는 _____을 하여 그 아이를 친구로 만들겠습니다.
- 누군가가 당신을 괴롭힐 때, 당신은 그 친구에게 어떻게 행동할 것인지 이야기해 봅시다.
- 친구가 내가 제일 싫어하는 별명을 자꾸 부르면 당신은 그 친구에게 어떻게 하겠습니까?
- 친구들은 어떨 때 당신을 멀리합니까?
- 당신은 더 많은 친구를 사귀기 위해서 어떻게 해야 할까요?
- 친구들과 어울려 놀고 싶은데 친구들이 당신에게 먼저 놀자고 하지 않

는다면 어떻게 하겠습니까?

– 친구들이 당신을 좋아하게 하는 방법 한 가지를 말해 보세요.

• 사회적 기술 배우기

– 친구 사귀기 기술 배우기(친구에게 말 걸기, 친구 초대하기)

– 한 친구를 선택하여 칭찬하기

– 또래관계에서의 의사소통 기술 배우기

• 우정 키워 가기: 공동 작품 만들기

• 새롭게 시작하기: 자신의 장점을 발견하여 자기 자신에 대해 긍정적인 사고로 자신감 갖기

• 나의 다짐: 자신에게 편지를 써서 새로운 결심과 각오 다지기

은근히 따돌리는 학생

맞벌이 가정의 독자인 민규는 외할머니와 살고 있다. 연로한 외할머니는 손자를 사랑했지만 대화와 상호작용을 하기보다는 TV를 틀어 주거나 혼자 놀게 하였다. 민규의 부모님 역시 맞벌이를 하면서 직장생활에 지치고 또 내성적인지라 대화를 자주 하지 못한 탓에 민규는 늘 외톨이로 자라게 되었다. 덩치도 작고 운동도 잘 못하는 민규는 매사에 자신감이 없다. 최근에는 친구들이 민규를 투명인간 취급을 하며 놀리게 되었다. 방학이 두 달 남았지만, 민규는 하루하루 학교에 가는 것이 지옥과 같다.

☘ 쉬는 시간

(민규가 일어나 화장실에 가려고 하자 친구들이 고의로 길을 막고 방해하며 시비를 건다.)

(민규가 작은 목소리로) "좀 비켜 줘!"

(경호가 못 들은 척 한다.)

(민규가 더 약한 목소리로) "화장실 갈 거야! 좀……" (말끝을 얼버무린다.)

(경호와 준식이) "웬, 모기가 웽웽거리는 것 같은데."

"우리 교실에 모기 있나?"

(친구들은 큰 소리로 배를 잡고 웃거나 잘 안 들리는 시늉을 한다.)

(민규는 울먹이며 '화…… 장…… 실…….' 이라고 한다.)

(경호) "뭐라고! 안 들려!"

(준식) "날아가면 되잖아! 너는 모기니까 날 수 있잖아? 날아서 가!"

(친구들이 웃는다.)

(민규는 가던 길을 돌아서 반대편 문으로 가려고 한다.)

✤ 수업 종이 울린 후 사회 시간

(민규가 울음을 터뜨린다.)

"너 왜 울어!"

"누가 때렸어? 누구야! 민규 때린 녀석 나와 봐!"

(아무도 나오지 않고 웃는다.)

"방금 웃은 녀석들 일어나."

"넌 지금 친구가 울고 있는데 웃음이 나와?"

"안 웃었는데요?"

(사회 선생님은 마음을 가라앉히고 수업을 하려 한다.)

"너희는 왜 약한 친구를 괴롭히냐?"

"민규가 아무 이유 없이 울지는 않을 거 아냐?"

"민규야! 왜 울었는지, 누가 널 괴롭혔는지 얘기해 봐! 선생님이 해결해

줄게."

(민규는 계속 고개를 숙이며 훌쩍거리고 있다.)

(친구들) "쟤는 혼자서 그냥 울어요!"

투명인간이 되어 버린 아이

중학교 2학년 남학생 민규는 소심하고 내성적인 은따(은근히 따돌림을 당하는) 학생이다. 너무 소심하여 수업시간에 교사의 지적을 받고도 발표를 망설이거나 책도 소리 내어 잘 읽지 못하는 이유로 따돌림을 당하고 있다. 친구들이 놀리면 쉽게 울음을 터뜨린다. 친구들이 민규를 놀림 대상으로 삼아 자주 울게 만들고, 또 민규의 반응을 재미있어 하며 놀림을 반복하는 경우다.

교사의 대처

사회 교사는 수업을 위해 교실에 들어왔을 때 민규가 친구들에게 둘러싸여 우는 모습을 보고 이유를 물었다. 민규를 괴롭힌 친구들을 찾아 주의를 주고 수업을 시작하려고 하였지만 친구들의 웃음소리와 민규의 소극적인 대응에 어찌할 바를 모르고 있다.

먼저 민규가 왜 우는지 이유를 물어보았지만 민규는 훌쩍거리며 흐느끼기만

할 뿐 아무 대답도 하지 않는다. 친구들은 이 익숙한 상황을 즐기고 있으며 교사는 점점 더 깊은 늪 속으로 빠져 들어간다. 교사는 문제 해결에 필요한 원인을 파악하지도 못하였으며, 오히려 문제를 악화시키는 역할을 하고 있다.

교사의 대처 방법 분석

잘한 점

_ 괴롭힘을 당한 학생의 입장에 서서 문제를 풀어 가려고 노력하였다.

_ 학생들의 잘못된 행동(약한 친구 괴롭히기)을 수정하려는 적극적인 자세를 보였다.

_ 욕설을 하거나 심증을 바탕으로 가해자를 지목하지 않고 학생들에게 물어보았다.

개선할 점

_ 민규의 평소 행동 특성에 대해 충분히 이해하거나 파악하지 못하였다.

_ 민규를 괴롭히는 학생을 찾다가 웃었던 친구를 찾는 것으로 불똥이 튀었다. 주제에서 벗어난 대응은 자칫 화풀이로 보일 수 있다.

_ 자신이 문제를 해결해 줄 수 있다고 장담하고 있다.

상담적 접근

일반적으로 할 수 있는 관심과 배려

- 민규가 반복적으로 괴롭힘을 당하는 이유를 파악한다(민규의 평소 행동 특성과 지도 방안에 대해 담임교사와 상의하고 대처 방안을 협의한다.).
- 민규의 소심한 마음과 태도를 개선할 수 있는 해결 방안을 찾아본다.
  - 자기주장훈련 프로그램 이수
  - 자신감을 가질 수 있도록 수업시간에 사전에 발표할 내용을 준비하게 하고 지명하기
- 올베우스(Olweus) 4대 규칙을 적용하고 훈련시킨다(학생생활지도부 차원에서 괴롭힘 행동에 대한 대처 방안으로 교칙에 반영하여 적용할 수 있다.). 올베우스의 집단 괴롭힘에 대처하는 4대 규칙은 다음과 같다.
  - 우리는 다른 친구들을 괴롭히지 않을 것이다.
  - 우리는 괴롭힘을 당하는 친구들을 도울 것이다.
  - 우리는 혼자 있는 친구들과 함께할 것이다.
  - 만약 누군가가 괴롭힘을 당하게 된다는 것을 알게 되면, 우리는 학교나 집의 어른들에게 이야기할 것이다.
- 평화로운 공동체를 만들기 위한 규칙을 정한다. 이 규칙은 학교와 교사가 일방적으로 제공하는 대신 다음과 같은 과정을 거쳐 만든다.

- 학급회의를 통해 공유하기
- 학생들이 주도적으로 참여하여 만들기
- 올베우스 4대 규칙 연습하기
- 학부모, 동료 교사와 공유하기
- 괴롭힘 없는 학교, 즉 평화롭고 행복한 학교를 만드는 선언식 하기

구체적인 전략

공감 훈련

- 학생들이 괴롭힘의 가해자와 방관자가 되는 이유는 희생자의 고통에 공감하는 마음보다 가해자를 두려워하거나 존경하는 마음이 더 크기 때문이다. 따라서 공감하는 마음을 훈련하는 것이 문제 해결의 핵심 열쇠다.
- 공감 훈련은 감정을 파악하고 표현하는 훈련이다. 평소 자신의 감정에 대해 잘 느끼고 표현할 기회가 없는 학생들에게 감정 표현 연습을 주기적으로 실행하게 한다. 감정을 나타내는 다양한 단어를 소개하고 그것을 정확하게 찾아서 표현하는 연습을 하는 것이다.
- 감정 표현 연습으로 하루 동안 학생이 그날의 주인공이 되어 아침 조회와 종례 시간에 그날 학급에서 일어난 일들에 대해 자신의 감정을 표현하고 친구들이 공감해 주는 연습을 할 수 있다.

• 구체적 절차와 방법은 다음과 같다. 담임교사의 역할을 중심으로 풀어 본다.

주인공(재석): 오늘 체육시간에 2반과 축구를 하면서 골키퍼인 준우가 실수를 했을 때 명진이가 욕을 했잖아. 그때 나는 준우가 안타깝게 보였어. 그리고 일부러 그런 것도 아닌데 명진이가 좀 심하게 화를 내는 것 같았어.

종국: 그래, 나도 명진이가 준우에게 욕설을 할 때 좀 화가 나더라! 솔직히 말해, 골키퍼 때문에 진 것은 아니잖아. 공격수들이 골을 넣을 기회도 우리가 더 많았어. 그걸 가지고 친구에게 "야, 그것도 못 잡아, 너 때문에 졌으니까 네가 책임져!"라고 말하는 것은 솔직히 좀 지나친 것 같아!

명수: 그래, 나도 축구나 농구를 할 때 승부욕을 발휘하는 것은 좋지만 그것 때문에 친구에게 욕설을 하거나 친구 탓을 하는 건 우리가 좀 참아야 한다고 생각해.

담임교사: 생각보다는 감정을 이야기해 주겠니?

명수: 욕설을 들을 때 듣는 사람이 좀 억울하거나 자존심이 상할 것 같아요.

담임교사: 그래. 명진이는 준우가 볼을 놓친 것에 대해 화가 날 수 있어. 그럴 때는 그 자리에서 욕설로 반응하기보다 시합이 끝난 뒤 속상한 마음을 전달할 수 있어.

주인공(재석): 오늘 저는 주인공으로서 운동 시합을 하면서 평소 실수를 하게 되는 친구들에 대해 우리가 어떤 방법으로 표현을 하는 것이 좋을지 알게 되었어요.

한마당 집단상담

- 한마당 집단상담은 교실에서 일어난 사건에 대해 모든 당사자(가해학생과 피해학생 및 주변 학생 등)가 집단상담의 형태로 문제를 해결하는 것이다.
- 한마당 집단상담에서는 교사가 지도자가 되고, 당사자들은 참가자가 되며, 나머지 학생들은 참관자가 된다. 학생들이 학급에서 일어난 중요한 일을 교사(담임)에게 청하여 한마당 집단상담으로 가져올 수도 있고, 과목 교사, 예컨대 사회과 교사가 자신의 수업시간을 활용하여 해당 사건을 한마당 집단상담으로 가져올 수도 있다. 이때 한마당에서는 잘잘못을 가리는 것이 아니라 피해학생 및 가해학생의 마음을 공감하는 것에 초점을 둔다.
- 한마당 집단상담의 과정과 절차는 다음과 같다. 먼저, 지도교사(사회과 교사)는 학생들의 동의를 얻어 수업시간을 잠깐 멈춘다. 그리고 다음 예와 같이 한마당 집단상담을 진행할 수 있다.

교사: (오늘 사회시간에 일어난 일에 대해 민규에게) 어떤 일이 왜 일어나게 되었는지 선생님은 궁금하다. 아울러 이러한 일이 되풀이되지 않

고 민규가 보다 즐겁고 편안한 마음으로 학교생활을 할 수 있도록 돕기 위해 친구들과 함께 대화하는 시간(한마당 집단상담)을 가져볼 거야. 먼저, 민규는 오늘 선생님이 들어왔을 때 왜 울고 있었는지 그 이유를 말해 줄 수 있을까?

민규: (대답을 못하고 망설인다.)

교사: 민규가 대답을 하는 것이 어려운가 보다. 다른 친구들 중에서 누가 민규를 대신해서 자신이 본 상황에 대해 좀 설명해 줄 수 있을까?

영우: 민규가 화장실을 가려고 하는데 형태가 못 가게 막으며 놀렸어요. 한참 실랑이를 하는데 선생님이 들어오신 거예요.

교사: 그래. 그런 일이 있었구나. 이유를 알게 되니까 좀 시원한 느낌이 든다. 선생님은 수업이 시작된 상태에서 민규 주위에서 웅성대는 모습과 민규가 울고 있는 모습을 보면서 누군가 약한 친구를 괴롭히는 것 같아 화가 많이 났어. (다른 친구들의 의견도 들어 본다. 이때 누가, 왜 괴롭혔느냐는 사실 관계가 아닌 감정에 초점을 맞춘다. 즉, 사회 수업을 위해 교실에 들어왔을 때 민규가 울고 있는 모습을 보고 교사는 '누군가 민규를 괴롭힌 것이 아닐까' 하는 생각이 들어서 무척 화가 났다. 민규가 당시 어떤 심정이었는지 물었을 때 민규가 대답을 잘 못하면, "무척 속이 상해 있었던 것 같구나. 그 당시 민규는 어떤 심정이었을까?" 하고 친구들의 느낌을 물어본다.)

교사: 이러한 어려움에 처한 민규를 바라보는 여러분의 심정은 어떤지

궁금하다. (민규의 처지에 대한 친구들의 심정을 듣는다.)

정우: 민규는 평소에 작은 놀림에도 자주 울어요. 그래서 친구들이 더 재미있어 하고 또 놀리게 되는 것 같네요.

교사: 그래, 정우는 민규가 작은 놀림에도 우는 것이 지속적으로 괴롭힘 당하게 되는 원인이라고 생각하는구나. 민규가 괴롭힘 당할 때 그것을 지켜보는 정우의 심정은 어떤지 궁금하구나.

정우: 별 생각이 없기도 하고…… 나도 저렇게 하면 괴롭힘을 당할 수도 있겠다 싶기도 하고……. 내가 민규라면 학교 오는 것도 싫고 너무 힘들겠다는 생각이 들었어요.

교사: 그랬구나. 정우는 민규가 형태에게 괴롭힘을 당하는 것을 보고 두려운 마음과 안타까운 마음이 함께 들었구나. (민규를 지켜보는 친구들의 다양한 마음, 특히 민규의 마음이 어떤지 들어 보는 것이 중요하다.)

민규: 저는 오늘 화장실에 갈려고 했는데 형태가 못 가게 막아서 너무…….

교사: 너무 속이 상했다는 말이니?

민규: 네!

(이 과정에서 민규를 괴롭히는 역할을 하는 학생들에게도 어떤 심정으로 민규에게 피해를 주는 말과 행동을 했는지 질문하고, 그 일을 지켜보는 반 친구들의 느낌에 대해 이야기를 해 본다. 만약 민규에게 사과할 마음이 생긴다면 간단한 역할극을 통해 사과할 수 있는 기회를 제공한다.)

신체를 폭행하는 학생

길동은 덩치가 큰 중학교 2학년 선도부 남학생이다. 길동이는 자기도 공부를 못하면서 동급생인 길산에게 공부를 못한다고 놀리면서 느닷없이 목 조르기, 등 치기, 뺨 때리기, 딱밤 때리기 등 장난삼아 폭행을 한다. 하지 말라고 하면 웃으면서 "어쩌라고?" 하면서 소소한 신체폭력을 멈추지 않는다. 때로는 친구들 앞에서 함부로 망신을 주거나 욕을 하기도 한다. 끊임없이 고통을 당하면서도 길동이의 덩치에 주눅이 든 길산은 함부로 덤비지도 못한다. 아버지는 길동이 여섯 살 때 이혼하였고, 지금은 셋째 부인을 얻어 축산업을 하고 있는데, 새 부인도 확실한 정착을 하지 못하고 있다. 과학 실험실에서 수업을 하던 중 길동이 길산의 목을 조르는 장면을 실험 보조교사가 발견하고 담임교사에게 이 사실을 알려서 상담하게 되었다.

아버지 바쁘신데……

"야, 너 또 뭐야?"

"그게 아니고……."

"그게 아니고 또 뭐?"

"길산이가 실험시간에 아무것도 안 하기에……."

"아무것도 안 하면 목을 조르는 거냐? 너나 잘해, 이놈아. 내가 너 때문에 학교 그만둬야겠다. 왜 자꾸 애들을 괴롭혀? (등을 후려친다.) 아주 내가 너 때문

에 못살겠다고!"

"죄송합니다."

"죄송한 거 아는 녀석이 왜 자꾸 이러는데? 내일 아버지 모시고 와."

"아버지 바쁘신데……."

❖ 형님이 잘 좀 봐 주세요

"내가 자네 아들 때문에 학교 그만둬야겠어. 자꾸 애들을 괴롭혀서 내가 아주 불안해."

"죄송해요, 형님. 집에서 혼을 많이 내줘도 고쳐지지 않네요."

"혼만 낸다고 되나? 애를 생각해서라도 자네가 행동을 똑바로 해야지."

"애 엄마가 집에 없어서 그런지 저 혼자서는 어떻게 해야 하는지도 모르겠고, 저도 조심하느라고 하는데도 제 행동이 잘 안 고쳐지네요. 녀석이 혼자라 해 달라는 거 다 해 줘서 그런가 싶기도 하고요."

"애가 엄마는 자주 만나나?"

"일주일에 한 번은 꼭 만나게 하고 있어요."

"그래, 그건 잘하는 건데. 애가 나쁜 녀석은 아닌데 저도 공부를 못하면서 왜 공부 못하는 애를 건드리는지 알 수가 없어."

"면목이 없습니다. 저희 사정 아시니까 형님께서 좀 많이 지도해 주십시오."

"그래야지 어쩌겠나, 자네와 내가 더 자주 만나면서 애를 어떻게든 고쳐 봐야지."

자기도 공부를 못하면서 남에게 공부 못한다고 끊임없이 소소한 폭행을 가하는 아이

여섯 살에 친부모가 이혼한 아이로, 자기보다 공부를 조금 못하는 아이에게 지속적으로 소소하게 신체폭력이나 무시, 언어폭력을 행사하는 경우다.

교사의 대처

학교 씨름부로 활동하는 길동이는 마음씨는 나쁘지 않으나 평소 아버지로부터 배운 욕설과 거친 행동으로 친구들을 괴롭히고 있다. 특히 공부를 잘 못하는 길산을 집중적으로 괴롭힌다. 길동이 덩치가 매우 커서 살짝만 건드려도 급우들을 아파하고 겁을 내는 상황이라서, 길산은 덤비다가 맞을까 봐 참는 경우가 많다. 하지만 괴롭힘이 심하게 반복될 때는 웃으면서 하지 말라고 하는데, 그때마다 길동이는 "어쩌라고?" 하면서 더 괴롭힌다. 협동학습을 하는 자리에서도 길동이는 길산이 자기 성에 차지 않는 행동을 하면 때리고 빈정대며 괴롭힌다. 길산은 몸매가 멋있고 착해서 공부는 못해도 친구들에게 인기 있는 편이다.

가해학생인 길동이 아버지와 담임교사는 초 · 중학교 동문으로, 이웃에서 함께 자라서 서로의 가정 상황을 아주 잘 알고 있다. 길동이 아버지가 첫째 부인과 이혼한 이유는 그의 거친 행동과 잦은 구타 때문이었다. 둘째 부인도 견디다 못해 떠났고, 지금 함께 살고 있는 셋째 부인마저도 정착을 하지 못한 상태다. 첫째 부인의 아들인 길동이는 새엄마들로부터 따뜻한 보살핌을 받지 못한 채 눈치를 보고 살았다. 길동이네 집안 사정을 모두 아는 담임교사는 아이가 하는 행동을 뻔히 알면서도 심하게 다루지 못하고 있다. 길동이도 담임교사 앞에서는 귀여운 행동을 하곤 한다. 길동이의 친엄마는 교육에 관심이 많으며 아이를 배려하고 따뜻하게 대하는 반면, 아버지는 아이를 거칠게 대하고 잘못한 일이 있으면 욕을 하고 야단부터 친다. 그래도 정은 많아서 길동이의 생일이나 특별한 행사가 있으면 먹을 것을 잔뜩 사들고 학교를 찾아오기도 하고, 오랜 기간 멀리 전지 훈련을 가게 되면 바빠도 시간을 내어 한 번쯤은 아들을 격려하러 온다. 가끔은 부부싸움을 한 후에 아침부터 술에 취한 상태로 담임교사를 찾아오기도 한다. 담임교사는 아이의 문제 행동이 모두 아버지에게서 비롯되었다고 생각하고 있다.

길동이 아버지와 친분이 깊은 담임교사는 길동이를 주의 깊게 살피지만, 아이는 늘 이런저런 사소한 문제를 일으킨다. 피해학생인 길산이도 딱하기는 마찬가지다. 엄마는 돌아가시고 아버지는 해외에 있기 때문에 큰아버지 집에서 눈치를 보며 사는지라 자기가 처한 상황을 누구에게 말도 못하고 끙끙댈 뿐이다.

교사의 대처 방법 분석

잘한 점

- 가해학생의 문제를 그 아버지와 함께 해결하려고 노력하였다.
- 가해학생이 급우들을 괴롭히는 것이 담임교사에게 어떤 결과를 가져오는지 가해학생과 아버지가 느끼도록 하였다,
- 어떤 방법을 동원해서라도 아이의 문제 행동을 개선하고자 하였다.

개선할 점

- 가해학생이 처한 상황에 맞는 상담적인 대처 방법을 활용한다.
- 피해학생 스스로 문제에 대처할 수 있는 방법을 지도한다.
- 아이의 가정환경을 잘 알고 아버지와 친분이 있는 상황이므로, 아버지를 활용하여 아이의 행동을 개선해 나갈 수 있는 구체적인 방법을 찾는다.

상담적 접근

일반적으로 할 수 있는 관심과 배려

가해학생을 위한 관심과 배려

- 가해학생의 폭력행동이 처지가 비슷한 피해학생과 친하고 싶거나 관심받고 싶어서 장난처럼 발생하는 것은 아닌지 알아볼 필요가 있다. 가정환경으로 볼 때, 가해학생의 폭력행동은 제대로 된 관심과 사랑을 받지 못해서 나타나는 것이라고 볼 수 있다. 사회화 모델이 잘못되어 친해지고 싶은 친구에게 괜히 무시하고 욕설을 하거나 폭력을 가할 수 있다는 말이다. 관심을 받고 싶지만 표현을 잘 하지 못하는 경우라면 이에 초점을 맞추어 상담을 할 필요가 있다.
- 공격성이 높은 아이일수록 어른에게 받은 상처가 많고 자기에게 잘해 주는 사람, 자기가 잘해 주고 싶은 사람에게 날카로운 발톱을 들이대는 경우가 많다. 몸은 다 컸지만 마음은 항상 어리기만 한 가해학생의 아픈 마음을 따뜻하게 바라볼 필요가 있다.
- 인간관계를 바르게 하는 방법을 지도할 필요가 있다. 가해학생이 놀림이나 무시 같은 짓궂은 방식으로라도 관심을 끌고자 한다면 이는 자신의 현재 모습이 타인에게 관심이나 인정을 받지 못한다고 느끼기 때문일 수 있

다. 만일 그렇다면 그런 행동을 하는 이유를 직접 물어보아 원인을 알아 낸 후 상황에 맞는 지도를 할 필요하다.

- 자기가 힘이 좀 세다고 다른 사람들을 함부로 대하는 것은 결코 성숙한 행동이 아님을 지적한다.
- 자기보다 약하고 공부를 못한다고 욕하고 때리고 따돌려도 된다는 생각은 어디서 비롯되었을지 생각해 보고, 그런 아이를 괴롭히는 것이 자신에게 어떤 영향을 주는지 성찰하게 한다.
- 아이의 장점을 찾아 칭찬한다. 가해학생의 가정환경으로 보아 아이에게는 스트레스가 많이 쌓여 있을 터인데도 소소한 폭력행동에 그친다는 점에서 개선의 가능성이 엿보인다. 이처럼 아이의 장점을 찾아가며 아이의 행동 수정을 돕기 위한 사회성 향상 프로그램을 운영한다.
- 학급에서 아이가 능숙하게 해낼 수 있는 역할을 준다. 사회성 향상 프로그램과 아버지와의 상담을 통해서 아이의 행동이 개선되어 간다면, 아이의 장점을 이용하여 잘할 수 있는 역할(예, 학급폭력방지위원, 체육시간 도우미 등)을 주어 책임을 다할 수 있도록 해 준다. 신체나 힘으로 급우들에게 영향력을 끼치는 아이를 담임교사 편으로 만들어 놓으면 대부분의 급우들은 그대로 따라가는 경향을 보인다.

아버지와 상담하기

아버지가 아이를 대하는 방법은 분명 잘못되었으나 아이에 대한 애정만큼은 대단하다. 담임교사는 아버지와의 친분과 자식에 대한 아버지의 애정을 활용하여 다음과 같은 방법을 사용할 수 있다.

- 아이가 원하지 않은 부모의 이혼은 아이에게 강한 아픔을 가져온다. 여섯 살 때 부모가 이혼하면서 아이는 날마다 보던 엄마를 볼 수 없는 상황이 되었고, 아버지는 바빠서 아이와 놀아 주지 못했다. 아버지는 보고 싶은 엄마를 그리며 날마다 혼자 울었을 아이의 어린 영혼을 얼마나 따뜻하게 어루만져 주었는지, 일주일에 한 번 엄마를 만나기는 하지만 아직 어린 나이이고 아버지 곁에는 낯선 여자가 존재하는 상황을 아이의 입장에서 바라본 적은 있는지 살펴보도록 한다.
- 아이가 보이는 행동의 원인이 어디에 있을지 아버지에게 질문하고, 그동안 아버지의 말과 행동에 문제는 없었는지 자신의 양육 태도를 객관적으로 평가하도록 돕는다.
- 아버지로 하여금 아침부터 술을 먹고 학교에 오는 이유가 무엇일까, 지금도 새 아내가 정착하지 못하는 그 이유가 무엇일까, 가정의 화목을 위해서 어떤 노력을 할 수 있을까, 자신이 행복한 가정을 만들기 위해서 노력하는 모습을 보이면 아이가 어떻게 달라질까 등을 생각하게 하고, 아들에게 안정된 가정을 갖기 위해 노력하는 모습을 보이도록 돕는다.

- 아이가 보이는 행동을 평소에 비디오로 촬영했다가 부모와 상담을 할 때 가해학생과 함께 본다. 그리고 부모에게는 아이의 행동이 어디에서 비롯되었을지, 아이에게는 자기가 아무렇지 않게 누군가를 괴롭히는 모습을 보면서 무엇을 느끼는지 생각해 보게 한다.
- 담임교사가 있는 자리에서 아버지와 아들이 서로에게 바라는 행동을 이야기하고, 앞으로는 이런 일이 발생하지 않도록 어떤 점에 주의하여야 하는지를 이야기하고 실천하도록 한다.
- 아버지와 아이를 함께 자주 불러서 달라져 가는 모습을 격려하고 지속적으로 변화할 수 있도록 도움을 준다.

피해학생과 상담하기

- 이유 없이 괴롭힘을 당하면서 교사에게 말도 못하고 얼마나 고통스러웠을지 공감하고 위로해 준다.
- 심한 괴롭힘이 반복되었을 때 하지 말라고 용기 내어 말했다는 점을 칭찬한다. 그러나 주변 친구들과 협동하여 가해행동을 막으려는 노력이 부족했다는 아쉬움을 전하며, 앞으로 그럴 경우 급우들을 적극 활용해야 한다는 점을 부각시킨다.
- 피해학생에게 가해학생의 처지를 이해시킨 후 일방적으로 당하지만 말고 당당하게 가해학생에게 말을 걸 수 있는 용기를 북돋운다. “너 혹시 나한

테 뭐 할 말 있어? 있으면 이야기해 봐. 내가 그렇게 하지 말라고 하는데도 계속 툭툭 건드리고 애들 앞에서 나를 무시하는 걸 보면 네가 괜히 그러는 것 같진 않거든. 남자답게 터놓고 한번 얘기해 보지 그래?" 또는 웃으면서 "너 나랑 친하고 싶냐? 내가 친구해 줄까?"라는 식으로 적극적으로 말을 걸며 관계를 개선하도록 돕는다.

- 이 사례에서는 피해학생 역시 불우한 가정환경으로 인해 여러 가지 어려움을 겪고 있다. 특히 소통할 대상이 없다는 점이 큰 문제다. 담임교사는 아이가 힘들고 어려울 때 언제든 선생님과 함께 터놓고 이야기하자고 말하며 대화 분위기를 조성하도록 한다.

구체적인 전략

사회적 기술 향상을 위한 자기상 개선하기 프로그램 운영하기

교사는 학급 학생들과 함께 사회적 기술 향상을 위한 자기상 개선하기 프로그램을 실시한다. 담임교사가 창의성을 발휘하여 학급 상황에 맞게 변형하여 실시하면 더 효율적이다.

이 프로그램들은 빙 둘러앉은 상태에서 실시할 경우 효율성이 더 크며, 그 목적은 평화로운 학급 만들기다.

[자기 자신에 대해 좋게 느끼기]

- 자기 자신이 친구들에게 좋게 느껴지게 하는 것이 중요한 까닭을 토론한다(예를 들어, 자신을 가치 있는 사람이라고 느끼게 된다, 다른 사람에게 필요한 사람이라고 느끼게 된다 등).
- 자기 자신이 친구들에게 좋지 않게 느껴지는 사람이라고 생각하면 어떤 기분이 들지 토론한다(예를 들어, 남과 잘 지내기 어려울 것이다, 다른 사람이 자기를 거부할 것이다. 다른 사람을 해칠 것이라고 생각할 수 있다 등).
- 자기 자신을 친구들이 좋게 느끼도록 하기 위한 장점 찾기를 실시한다. 장점 찾기 학습지를 구성하여 자기가 잘할 수 있는 일을 모두 적고(아주 소소한 일들도 잘할 수 있으면 모두 적는다. 예를 들어, 음식을 골고루 먹는다, 집 안 청소를 잘한다, 식물을 잘 가꾼다, 동생을 잘 돌본다, 학교에 지각하지 않는다 등) 전체가 발표를 하거나 옆으로 돌려 읽으면서 친구들의 장점을 모두 읽는다. 그런 후에 느낌을 발표하고 나면 자신도 자랑할 것이 많고 괜찮은 사람이라는 것을 스스로 알게 되고 자존심이 회복됨을 느낄 수 있다. 다른 사람이 쓴 장점을 듣고 자신에게도 있었는데 찾아내지 못한 것을 더 찾도록 하면 장점이 매우 많은 것을 알고 스스로 뿌듯해한다.

[다른 사람 도와주기 역할극을 실시하고 느낀 점 나누기]

- 다른 사람을 돕는 역할극 상황을 만들어 실시하고(예를 들어, 한 학생이 길을 가다가 책을 떨어뜨렸는데 누군가가 주워서 가져다주었다, 수학 문제를 풀지 못

해서 끙끙거리는 친구가 청하지도 않았는데 문제 푸는 방법을 알려 주었다 등) 도와준 사람과 도움받은 사람의 입장을 발표하게 한다.

- 다른 사람을 도와준 경험을 이야기하면서 그때의 느낌을 발표한다.

[자신의 단점을 인정하고 극복하기]

단점을 가진 위인들이 그것을 어떻게 극복하고 훌륭하게 되었는지 알아보고, 자기에게 적용하여 멋진 자아상을 만들 의지를 갖게 한다.

- 담임교사는 세계적으로 위대한 인물 중에 단점을 극복한 사례를 들어 주거나 학생들 스스로 발표하게 한다[예를 들어, 아인슈타인, 베토벤, 스티비 원더, 에디슨, 찰리 채플린, 희야(네 손가락의 피아니스트), 오토다케 히로타다(『오체 불만족』의 저자), 헬렌 켈러, 오바마(부모가 여러 번 이혼한 가정에서 자람) 등].
- 단점을 극복한 사례의 발표를 듣고 느낀 점을 발표한다.
- 친구들에게 거부당하는 자신의 단점을 극복하는 방법을 발표한다.

자신이 가지고 있는 단점을 스스로 고치기 위해 어떤 노력을 할 수 있는지 발표하는 과정을 통하여, 누구나 단점을 가지고 있으나 개선을 통하여 멋진 자아상을 만들 수 있음을 깨닫게 한다.

단점을 인정하고 극복한 과정은 다음과 같은 순서로 진행한다.

- 칠판에 각자의 단점을 몇 가지씩 쓰게 한다.

- 칠판에 쓰인 하나하나의 단점을 극복하기 위한 방법을 적는다.
- 단점을 극복하는 방법을 모두 발표한 후에 글쓰기를 통하여 앞으로 자신의 단점을 어떤 방법으로 극복할 것이며, 극복하고 나면 자기 자신이 어떻게 변할 것인지 의지를 다진다.
- 단점을 극복하고 난 후 자신의 행동이 구체적으로 어떻게 달라질 것인지 발표하고 토론한다.

습관적으로 구타하는 학생

동수는 중학교 3학년으로 학교에서 일진 친구들과 주로 몰려다니면서 폭력을 일삼는다. 동수가 일진 친구들과 가까워진 것은 2학년 말로, 아직 동수는 학교에서 일진은 아니다. 하지만 함께 몰려다니면서 일진 아이들이 집단으로 폭행하거나 돈을 빼앗을 때 같이 거들면서 문제를 일으키고 다닌다.

2학년까지는 학업 성적도 보통 수준이었다. 하지만 3학년이 되면서는 일진 아이들과 어울려 다니며 공부를 전혀 하지 않아서 하위권으로 떨어졌으며 학교에서도 문제아로 인식되어 교사들에게 자주 훈계를 듣게 되었다. 동수의 부모는 동수가 초등학교 5학년 때 이혼했다. 아버지와 함께 살게 되었지만, 아버지의 잦은 직장 이동으로 여러 친척 집을 전전하며 살다가 지금은 고모와 함께 살고 있다.

얼마 전에는 교실에서 훈계하는 전담교사에게 대들고 학교를 뛰쳐나갈 정도로 문제 행동이 심각해지고 있다.

학년 초 담임교사와의 상담 중에

(상담실에서 동수와 담임교사가 마주 앉아 있다.)

"동수야, 요즘 어떻게 지내니?"

"그냥 잘 지내요."

"잘 지낸다니깐 다행이구나. 아버지는 멀리서 일을 하시나 보네. 평소에 많

이 바쁘시니?"

"거의 한 달에 두세 번 밖에 못 봐요. 어차피 저랑 별로 상관없어요."

"그렇구나. 음, 그래도 동수가 아직 어리지만 혼자서도 잘하고 있구나. 고모 집에서 지내는 건 어떠니?"

"뭐 별 생각 없어요. 어차피 이야기도 잘 안 하니까요."

"혹시 힘든 일이 있으면 선생님한테 말하렴. 선생님이 할 수 있는 건 최대한 도와줄게."

"음, 아니에요……. 알겠어요."

"할 말 있으면 해도 돼."

"아니에요, 괜찮아요."

⁂ 그냥 기분 나쁘잖아

(동수가 일진 학생들과 화장실에서 담배를 피던 중 화장실에 들어오는 학생을 향해) “뭘 쳐다봐? 담배 피는 거 처음 봐?”

“아, 아무것도 아니야. 미안…….”

“뭐가 미안한데? 너 이리 와 봐.”

“왜 그래? 미, 미안해.”

(어쩔 줄 몰라하며 떨고 있는 학생을 발로 걷어차면서) “뭐가 미안하냐고? 아, 진짜. 안 그래도 오늘 기분 별론데…….”

(화장실 벽에 몰아세우고는 온몸을 때리고 나서) “야, 임마. 너 때문에 더 기분 나쁘잖아. 너, 나 누군지 모르냐? 어라? 몇 대 맞지도 않았는데 벌벌 떠는 거 좀 봐라. 하하, 완전 웃기네.”

❖ 학교 안 다니면 되잖아!

(동수가 기술시간에 못이 잔뜩 박힌 널빤지를 휘두르며) "야, 비켜, 비켜. 나는 비키라고 했다."

(계속 널빤지를 가지고 장난치던 중 전담교사가 들어온다.)

"김동수, 위험하게 널빤지 가지고 뭐하는 거야? 내려놓고 앞으로 나와."

"에? 아, 네."

"교실에서 위험하게 뭐하는 거야? 다른 사람들 다치면 어떻게 하려고. 김동수, 너 진짜 정신 못 차리고 이거 안 되겠네?"

(잠시 훈계를 듣다가 못 참겠다는 표정으로) "아, 진짜. 학교 안 다니면 되잖아, ××!"

(동수는 교실 밖으로 나가 버린다.)

자신의 힘을 과시하기 위해 습관적으로 구타하는 아이

일진 무리와 어울려 다니면서 자기보다 힘이 약한 아이들을 상대로 특별한 이유 없이 습관적으로 구타를 일삼는 경우다.

교사의 대처

담임교사는 학년 초에 상담을 통해 동수의 부모님이 어릴 때 이혼했다는 사실을 알게 되었다. 동수는 5학년 때부터 여러 친척 집을 돌아다니며 살았으며, 최근에는 고모와 함께 살고 있다고 한다. 이후 담임교사는 동수와 지속적으로 상담을 실시하였다. 하지만 상담을 하던 중에도 동수는 자주 문제를 일으키곤 했다. 담임교사는 동수에게 먹을 것을 사 주고, 때로는 같이 손을 잡고 울기도 했다. 그러면 동수는 담임교사 앞에서 잘못했다며 앞으로는 달라지겠다고 약속을 한다. 그러나 그것도 잠시뿐이다. 며칠 지나지 않아 동수는 언제 그랬냐는 듯 일진 아이들과 어울려 다니면서 친구들의 돈을 빼앗고 담배를 피우고 폭행을 일삼는다.

담임교사와 상담을 할 때, 동수는 친구들에게 무시당하고 싶지 않아서 일진 아이들과 어울려 다닌다고 말했다. 아직 일진은 아니지만 조만간 자신도 일진이 될 것이라고 했다. 동수는 자기가 공부도 잘 못하고 부모와 살지도 않는데다

가정 형편도 어려운 것을 사람들이 알면 자신을 무시할 것이니 남들에게 무시당하지 않으려면 힘이 필요하다고 생각하는 것 같다. 특히 약한 친구들이 자기 앞에서 벌벌 떨고 두려워하는 모습을 볼 때 자기가 대단하다고 느끼는 것 같다.

최근 동수는 기술시간에 전담교사에게 반항하고 뛰쳐나간 후에 결석 중이다. 담임교사는 동수를 어떻게 해야 할지 고민하고 있다.

교사의 대처 방법 분석

잘한 점

- 학년 초 상담활동을 통해 동수가 처한 상황을 잘 파악하고자 노력하였다.
- 동수가 하는 이야기를 잘 들어주었고, 동수의 입장을 진심으로 이해하기 위해 노력하였다.
- 동수와의 상담을 일회성이 아니라 꾸준히 진행하면서 동수를 도와주기 위한 지속적인 노력을 하였다.
- 동수가 문제를 일으켰을 때 무조건 비난하기보다는 동수를 이해하기 위해 노력하였다.

개선할 점

- 동수의 반복되는 문제 행동에 대하여 동수의 아버지나 고모에게 자세히 알리고 도움을 요청하는 것이 필요하다.
- 동수의 지금 문제 행동의 원인이 어디에 있는지 좀 더 깊이 있게 탐색해 보아야 한다.
- 동수의 어려운 가정환경에 대해 지나치게 감정적으로 반응하지 않아야 한다.

- 동수의 문제 행동에 대해 적절한 방식으로 꾸중해 줄 수 있어야 한다.
- 동수만이 아니라 동수와 함께 어울리는 다른 일진 학생들에 대한 상담 및 조치가 필요하다.

상담적 접근

동수가 일진 아이들과 어울리며 다른 친구들을 습관적으로 폭행하는 원인을 살펴보아야 한다. 동수는 어려운 가정 형편과 낮은 학업 성취 등으로 인해 자존감이 낮은 상태다. 폭력적인 행동을 일삼으면서 이를 통해 자기만족을 얻고 있다. 힘으로 다른 사람을 억누르면서 스스로가 높아지는 기분을 느끼고 있는 것이다. 따라서 현재 동수가 가진 방어기제와 심리적 불안에 대해 깊이 있게 접근해야만 바람직한 변화를 이끌 수 있다.

일반적으로 할 수 있는 관심과 배려

친밀감 형성하기

- 아침마다 반갑게 인사를 건네면서 기분을 묻는 등의 대화를 통해 동수와

좀 더 친해진다.

- 점심시간에 같이 밥을 먹거나 쉬는 시간에 만나서 이야기하는 기회를 자주 갖는다.
- 이메일, 메신저 프로그램, 문자 메시지, 스마트폰 채팅 어플 등을 활용해 편하게 연락을 주고받으며 동수의 현재 생활 모습을 잘 파악한다.

자존감 높여 주기

- 동수의 생활 모습을 잘 살펴보면서 바람직한 행동에 대하여 칭찬이나 격려 등의 따뜻한 관심을 보여 준다.
- 동수가 수업시간 및 교실활동에서 도움을 줄 수 있는 역할을 맡도록 하여 주위 사람들에게 인정을 받을 수 있는 기회를 제공한다.
- 동수의 부족한 교과학습을 도와준다. 학업 성취가 향상되면 자존감이 높아질 수 있으므로 보충지도 계획을 세워 지도한다. 동수가 흥미를 가지고 있는 과목부터 시작하면 좀 더 효과적으로 지도할 수 있다.

구체적인 전략

인격적 만남을 경험하기

동수의 경우 자신의 어려운 가정 형편과 낮은 학업 성취에 대해 콤플렉스를 가지고 있다. 어린 시절부터 가족이나 주변 사람들에게 인정받지 못한 경험이 현재 동수가 낮은 자존감을 가지게 된 원인일 수 있다. 동수는 자신이 다른 사람들에게 인정을 받지 못하면 무시당할 것이라는 불안한 마음을 지니고 있다. 결국 자신의 나약함을 다른 사람들에게 보이고 싶지 않은 마음에 오히려 사람들을 향해 폭력적인 행동을 보임으로써 자신을 숨기려 하는 것이다. 그래서 자기 자신의 상황을 있는 그대로 받아들이거나 수용하지 못한 채 그에 대한 반동형성으로 폭력적인 행동을 보이고 있다.

동수의 경우 자신의 있는 그대로의 모습을 스스로가 직면할 수 있는 힘을 키워 주어야 한다. 동수는 가족이나 교사, 주변 사람들의 따뜻한 지지와 인격적 만남을 경험함으로써 스스로 자존감을 키울 수 있다. 특히 동수를 둘러싼 소중한 사람들과의 인격적인 만남은 많은 도움을 줄 수 있다. 동수가 자기 자신과 마주하고 있는 그대로 수용하며 변화와 성장을 위한 힘을 키울 수 있도록, 가족과 교사는 동수의 마음과 행동을 진심으로 공감하고 있는 그대로 수용하려는 노력이 필요하다.

꾸중답게 꾸중하기

동수처럼 자존감이 낮은 학생이 문제 행동을 일으켜서 꾸중을 할 때에는 주의할 점이 있다. 간혹 꾸중을 하다 보면 문제를 일으킨 행동 자체에 대한 꾸중이 점차 학생 전체에 대한 꾸중으로 옮겨 가는 경우가 생긴다. 교사들은 꾸중을 할 때 이를 매우 조심해야 한다. 꾸중도 꾸중답게 하는 방법을 알아야 한다. 무조건 '안 돼!' 라고 몰아세우거나, 전후 사정도 듣지 않고 무조건 질책하거나, 잘못 자체를 질책하지 않고 인신 공격을 하는 식의 꾸중은 오히려 학생들의 반발심만 불러일으킬 뿐이다.

꾸중다운 꾸중을 하기 위해서는 다음의 아홉 가지 원리를 이해하면 좋다.

- 진심을 담아 꾸중하기(진정성의 원리)
- 인격적인 관계 안에서 꾸중하기(인격 존중의 원리)
- 학생 개개인의 특성에 알맞게 꾸중하기(개별화의 원리)
- 꾸중할 행동에 정확하게 초점을 맞추어 꾸중하기(적합성의 원리)
- 상황에 따라 적절한 순간에 꾸중하기(타이밍의 원리)
- 동일한 행동에 동일한 꾸중을 하기(일관성의 원리)
- 짧지만 분명하게 꾸중하기(간결성의 원리)
- 적절하게 감정을 효과적으로 표현하며 꾸중하기(감정 조절의 원리)
- 잘못된 행동을 고치고 바람직한 행동을 이끌 수 있도록 꾸중하기(대안 제시의 원리)

이러한 꾸중의 원리를 잘 이해하고 꾸중한다면 꾸중은 학생들의 바람직한 변화와 성장을 돕는 데 좋은 밑거름이 될 것이다. 각 꾸중의 원리와 실제에 대한 자세한 이해는 『꾸중을 꾸중답게 칭찬을 칭찬답게』(박성희, 학지사, 2005)를 참고할 수 있다.

자아존중감 향상을 위한 집단상담 프로그램 활용

학급 전체를 대상으로 자아존중감 향상을 위한 집단상담 프로그램을 운영해 보는 것도 도움이 될 수 있다. 다음에 제시한 '나에게 쓰는 편지' 라는 프로그램은 자기 자신을 새롭게 이해하고 긍정적으로 수용하는 태도를 갖도록 도와줄 수 있다.

구분	내용
활동 제목	나에게 쓰는 편지
활동 영역	자기 이해 및 자존감 향상
활동 목표	나 자신을 이해하고 수용하며 좋아하게 된다.
활동 대상	중학교 3학년
준비물	'나에게 쓰는 편지' 활동지, 편지 봉투
활동 소개	청소년기는 자신에 대해 발견하고 다른 사람들과는 다른 자신만의 독특성과 특별한 재능을 발견할 수 있는 시기다. 이 활동은 6개월 후의 자신에게 편지를 써 봄으로써 변화하는 자신을 발견하게 할 것이다.
활동 절차	1. 사람은 저마다 스스로를 행복하게 만들 수 있고 또 중요한 타인들(부모님, 형제 등)도 행복하게 할 수 있는 능력이 있음을 학생들에게 설명한다. 2. 학생들이 6개월 후 자신이 읽을 편지를 쓰도록 한다. 3. 학생들에게 자신의 성격 중 강점을 선택해서 쓰도록 하고, 자신과 가족들 그리고 친구들을 더 행복하게 만드는 데 그 강점을 사용할 수 있는 방법을 편지에 쓰도록 한다. 4. 편지 속에 학생들이 미래에 어떤 성격을 가진 사람이 되기를 원하는지 쓰도록 한다. 5. 학생들에게 봉투에 편지를 넣고 봉한 후 주소를 써서 교사에게 제출하도록 한다. 6. 교사는 편지를 보관하다가 6개월 후에 돌려주어야 한다. 7. 이 활동에 대한 느낌을 나누고 활동을 종결한다.
유의 사항	이 편지들은 6개월 후에 돌려줄 것이고, 그것으로 추후 활동을 할 것이라고 안내한다. 편지에 쓴 내용에 대해 친구들과 이야기를 나누게 할 수도 있다.

나를 우습게 보지 마!

조직폭력에 가담하는 학생

후배를 폭행하는 학생

교사에게 폭력적인 행동을 하는 학생

교사와 힘겨루기를 하는 학생

3

조직폭력에 가담하는 학생

평소 동급생들로부터 학교의 '일진'으로 행동해 온 정태는 각 반을 돌아다니며 친구들의 돈을 갈취하거나 담배를 가져오라고 시키고 폭행을 가했다. 피해학생인 종수가 숨지기 전날, 정태는 오전 2교시가 끝난 뒤 종수를 교실 뒤쪽으로 끌고 가 세워 놓은 상태에서 마치 권투 영화에서처럼 샌드백을 치듯 두들겨 팼다. 종수가 쓰러지면 일으켜 세우고 또 때렸다. 이에 종수는 정태가 괴롭히는 또 다른 피해학생 인호에게 담배 좀 가져다 달라고 요청했고, 인호가 가져온 담배를 피우다가 학교 교사에게 발각되었다.

종수는 당일 오후 5시경까지 교무실에 꿇어앉아 있다가 오후 5시 40분경에 학교에서 나온 뒤 다음날 9시 40분경 아파트 옥상에서 목을 매 숨진 채 발견되었다.

담임교사와의 대화

"정태, 너 오늘 오전에 종수를 때린 사실이 있지."

"오늘요?"

"그래, 오늘 오전 2교시 수업 마치고 교실에 들어가 교실 뒤편에서 종수를 샌드백 치듯 두드려 팼다는 친구들의 목격 증언이 있어!"

"저는 복도에서 만나서 함께 화장실에 갔을 뿐 때리지는 않았어요. 평소 장난으로 툭툭 치기는 했지만 세게 때린 것은 아니에요."

“그럼 네 말은 너에게는 아무 잘못이 없다는 말이니?”

“좀 미안한 마음이 들기는 해요.”

(선생님은 친구들에게도 묻는다.)

“너희는 왜 친구가 맞고 있는데 선생님께 알리지 않았니?”

“그럼 정태가 저희도 괴롭힐 텐데요.”

“그렇다면 나중에라도 학교나 부모님께 말씀드려야 할 것 아니겠니?”

“그래 봤자 문제만 더 커질 뿐 해결이 안 돼요.”

“지난번에도 징계받아서 사회봉사를 하고 한 열흘인가 있다가 다시 학교에 나왔는데 예전보다 더 심해졌어요.”

교사도 학교도 통제할 수 없는 아이

중학교 2학년인 정태는 가정 형편 때문에 할아버지와 함께 지내다가, 반복되는 문제 행동으로 인해 최근에는 시설에서 생활하고 있다. 1학년 말에 이미 친구들의 돈을 빼앗아 5일간 교내봉사를 하였고, 여학생과 혼숙한 사실이 드러나 40시간의 사회봉사를 하기도 한 경우다.

교사의 대처

담임교사는 문제 학생인 정태를 훈계도 하고 타일러도 보았으며, 교칙에 따라 교내봉사와 사회봉사를 시키는 등 다양한 징계를 내렸다. 특히 지속적인 문제 행동을 보고는 최후의 수단으로 전학을 권고하였지만 정태의 거부로 무산되었다.

정태는 모든 교사가 생활지도를 어려워하는 학생이다. 담임교사도 정태의 문제 행동을 알고 있었다. 하지만 막상 정태를 처벌하려고 하면 피해학생들이 두려움 때문에 피해입은 적이 없다고 하거나 협조를 하지 않기 때문에 그마저 어려운 실정이다. 이것이 정태로 하여금 학교 측의 징계를 대수롭지 않게 여기고 무시하게 하였다. 학교 역시 부모를 호출할 수도 없고 정태가 시설에 위탁되어 생활하는지라 지도할 길이 막막하기만 하다.

교사의 대처 방법 분석

잘한 점

_ 가해학생이 친구들을 괴롭히는 것을 보고 지나치지 않고 즉시 훈계를 하였다.

_ 교내봉사 5일과 사회봉사 40시간 등 잘못에 대한 징계 절차를 수행하였다.

_ 가해학생에게 전학 권고를 하였다.

개선할 점

_ 괴롭힘을 당하는 학생들이 상담을 할 수 있는 시스템이 갖추어 있지 않았다.

_ 학생들이 보복당하는 것을 두려워하지 않을 수 있는 신고 체계를 갖추지 못했다.

_ 문제가 발생한 후 사후약방문식의 처벌만 제공하여 같은 잘못이 반복되고 있다.

_ 교내봉사와 사회봉사 등의 징계 효과가 없다.

_ 쉬는 시간에 학생들이 폭행을 당하는 등 교내폭력에 대한 생활지도가 소홀하였다.

_ 피해학생이 사고 당일 교무실에 꿇어 앉아 있기만 했을 뿐 제대로 된 상담을 제공받지 못했다.

_ 학교의 지도 능력을 벗어난 학생이라면 전문상담자에게 의뢰하여 상담을 받도록 해야 함에도 외부 기관과 연계하여 지도하지 못하였다.

상담적 접근

일반적으로 할 수 있는 관심과 배려

• 피해학생이 학교폭력을 신고하고 해결할 수 있는 통로를 확보한다.
  - 매월 익명으로 학교폭력에 관한 설문조사를 실시하고, 이를 처리하는 과정이 보복에 대한 두려움 없이 실질적으로 효과를 발휘하도록 한다.
  - 학교 상담실을 만들고 전문 인력을 배치한다.

• 가해학생을 위한 심성교육을 실시하고 재발방지 교육 프로그램을 실시한다. 가해학생 역시 교육의 대상임을 기억하고 초기에 치료하도록 개입하여야 한다.

• 가해학생에 대한 개인상담을 실시하고, 일진이 된 이유와 동기 등에 관해 경청 및 수용함으로써 공감의 기회를 갖는다.

구체적인 전략

학급 카스트: 일진 지도 및 학교폭력에 대응하는 규칙 · 교칙 만들기

• 학교폭력에 대처하는 가장 확실한 방법은 학교 구성원 모두가 강력하게

한 목소리로 학교폭력에 대처하는 것이다.

- 학기 초 신학년이 시작됨과 동시에 2박 3일 정도의 합숙 연수를 실시하는 것도 좋은 방법이지만, 3월 말이 되어서 서로를 어느 정도 파악한 후에 실시할 수도 있다.
- 학기 초 약 일주일간 학교폭력에 대한 예방교육과 함께 학급 카스트(일진 지도)를 파악한다.
- 학급 카스트 만드는 방법(문재현 외, 『학교폭력 멈춰!』, 살림터, 2011)
  - 학생들에게 A4 백지를 준다.
  - 피라미드 모양을 그리고 학생들의 이름을 적는다.
  - 피라미드를 네 칸 정도로 나누어서 먹이사슬처럼 1~4단계 정도로 나누고 이름을 적는다.
  - 학생들의 이름 옆에는 왜 그렇게 생각하는지 이유를 적는다.
  - 학급 학생들의 피라미드를 종합하면 학급의 피라미드가 된다.
  - 피라미드는 종이를 A4 가로로 넓게 그리게 하고 남녀(혼성반의 경우)를 나누어 적게 하는 것이 좋다.
  - 학급 피라미드의 결과를 공개하고 느낌 나누기를 한다.

- 학급 규칙과 학교 교칙을 만드는 일에 모든 학생과 학부모, 교사가 참여한다.
- 학생들에 의한 학급 교칙 및 학교 교칙 만들기
  - 학급 규칙은 반드시 학생들이 스스로 참여하여 만들도록 한다.
  - 학급 규칙에서 학교폭력에 대한 대응 방안을 약속한다(올베우스 4대 규칙 등을 중심으로).
  - 학급 규칙을 토대로 학교 교칙을 만든다.
  - 학교폭력에 대처하는 모든 학급과 학교의 공통된 매뉴얼이 학교 교칙이 된다.
- 교사 및 학부모에 의한 학급 규칙 및 학교 교칙 만들기
  - 교사들 역시 학생들이 지켜야 할 규칙과 교칙에 대한 교사 공동체의 의

견을 토론하고 수합한다.

- 교사들의 의견에 대해 학생들이 만든 규칙 · 교칙과 함께 토론한다.
- 학부모 역시 이 과정에서 토론을 통해 학부모들의 의견을 수합하고 제시한다.

• 교육의 세 주체인 학생 · 교사 · 학부모의 의견을 모두 모아 새로운 학교 교칙을 운영위원회의 심의를 거쳐 공표한다.

자기주장훈련하기

• 학교폭력 가해학생에게 피해를 당했을 경우 맨 먼저 취해야 할 행동은 단호하게 거부하는 것이다. 자신을 괴롭히려는 동급생 혹은 선배 등의 폭력행위에 대해 거부의 뜻을 분명하게 밝힌다.

• 강압에 의해 일시적으로 폭행을 당하거나 물건을 빼앗겼을 경우 교사나 부모에게 즉시 신고한다. 이는 가해학생으로 하여금 같은 신고가 되풀이 될 수 있다는 것을 강하게 인식시킨다.

• 자기주장훈련: 다수의 위협으로 물리적인 폭행을 당하거나 강압적인 요구를 받는 상황에서 자기주장을 하는 것은 쉽지 않은 일이다. 하지만 분명한 거부의 주장을 하지 않을 경우 학교폭력이 되풀이될 가능성은 점점 더 커진다.

• 자기주장의 핵심 연습하기

- 나에게 그런 말이나 행동을 하지 않기 바란다.
- 나는 그런 요구를 들어줄 수 없다.
- 내게 그런 요구를 계속한다면 부모님 혹은 선생님과 의논할 것이다.
- 주변의 가까운 친구들이 어려움을 당할 때 방관하지 말고 '멈춰!' 라고 말하며 함께 주장하여 준다.

품행장애 학생 지도하기

- 앞의 사례에서 정태의 행동은 도덕성이 심각하게 결핍되어 있고 타인의 고통에 무감각한 것으로 보아 품행장애를 의심해 볼 수 있다. 이러한 경우 담임교사의 상담이나 지도 능력을 벗어난다고 볼 수 있다.
- 주변의 상담 경험이 풍부한 선배 교사에게 조언을 구하거나 학교 상담실로 상담을 의뢰한다. 학교에 상담실이 없거나 전문가가 없다면 외부 상담기관이나 전문가에게 의뢰한다.
- 학교에서 상담으로 해결할 수 없는 경우 상담 혹은 치료를 의뢰할 기관의 목록을 확보하고 그들과 유기적으로 연계하여 지도하여야 한다.
- 품행장애에 해당하는 학생은 다음과 같다(『간편 정신장애진단통계편람(DSM-Ⅳ)』 참조). 다른 사람의 기본 권리 침해 또는 연령에 적합한 사회 규범이나 규칙 위반과 같은 행동 양상이 반복적이고 지속적으로 다음 중 세 가지(혹은 그 이상) 항목으로 지난 12개월 동안 나타나고, 적어도 한 가지 항

목은 지난 6개월 동안 나타난다.

- 사람과 동물에 대한 공격(7가지)
- 재산 파괴(2가지)
- 사기 또는 도둑질(3가지)
- 심각한 규칙 위반(3가지)

▶ 품행장애가 사회, 학업 또는 직업 기능에 임상적으로 심각한 손상을 초래한다.

▶ 만 18세 이상인 경우 반사회적 인격장애의 기준에 부합되지 않는다.

• 학교에는 교사가 상담을 통해 행동을 변화시킬 수 있는 범위를 넘어선 정신장애의 일종인 품행장애에 속한 학생들이 있을 수 있다. 이 학생들에게 적절하게 대처하지 못하였다고 해서 교사가 무능함을 느낄 필요는 없다. 다만 자신의 능력 밖의 학생들은 전문가에게 의뢰하여 치료받도록 돕는 것이 바람직하다.

후배를 폭행하는 학생

범수는 중학교 3학년으로 힘이 세고 싸움을 잘하는 것으로 학교에서 유명하다. 그래서 학교 후배들에게는 무서운 선배로 알려져 있다. 후배들은 학교에서 범수와 마주칠까 봐 항상 조심하는 편이다. 심지어 같은 반 친구들도 범수의 거칠고 과격한 행동 때문에 쉽게 다가가지 못하고 눈치를 본다.

범수는 입학했을 당시 특별히 눈에 띄는 편이 아니었다. 그런데 2학년이 되면서 같은 동네에 살던 3학년 일진 선배들과 어울려 다니며 문제를 일으키기 시작했다. 상습적으로 1학년 후배들의 돈을 빼앗아 3학년 선배들에게 갖다주다가 피해학생의 신고로 들킨 적도 있었다.

3학년이 된 후에 범수는 마음껏 학교를 휘젓고 다니며 여러 가지 말썽을 일으켰다. 특히 후배들을 불러서 협박하며 강제로 심부름을 시키는 경우가 많다. 쉬는 시간에 1, 2학년 교실에 찾아가서 후배들을 불러내어 돈은 주지 않고 빵과 음료수 등을 사 오라고 하고, 만약 사 오지 않으면 가만두지 않겠다고 겁을 주는 것이다. 혹은 돈을 빌려 달라고 한 후에 갚지 않는 경우도 있다. 또 체육시간에 자신이 체육복을 가지고 오지 않았다며 후배에게 교실로 체육복을 갖다 놓으라고 시키기도 한다.

요즘도 범수는 졸업한 일진 선배들과 늦은 시간까지 자주 어울려 다닌다. 같이 다니는 일진 후배들에게는 노래방으로 술이나 담배를 사 오라고 심부름을 시키기도 한다. 범수의 부모님도 이런 범수의 문제 행동을 눈치 채고 훈계하려고 했지만, 워낙 범수가 강하게 반항하고 부모님 말을 들은 척도 하지 않아서 결국 집에서도 손을 놓고 있는 상황이다.

쉬는 시간

(친구들과 함께 1학년 교실 앞에 가서) "야, 너 이리 와 봐."

"네? 저요? 아, 네."

"야, 형들이 배고파서 그러는데 매점 가서 빵이랑 콜라 좀 사다 줘라."

"혀~ 형. 지~ 지금은 돈이 없는데요."

(어깨에 손을 얹고 인상을 쓰며) "너 뭐라고 했냐? 너 내 얘기 못 들었어? 너 학

교 다니기 싫어?"

"저, 정말 돈이 없는데……."

"뭐 돈을 빌리든지 난 잘 모르겠고, 아무튼 쉬는 시간 끝나기 전에 빵이랑 콜라 다섯 개씩 우리 반으로 가지고 와라."

⁂ 범수네 집

(12시가 넘어서 들어온 범수에게 아버지가) "범수, 너 잠깐 이리 와서 앉아 봐라."

"예? 왜요? 나 피곤한데."

"아버지가 오라면 와서 앉아야지 어디 버릇없이."

(범수는 투덜대며 소파에 앉는다.)

"너 이 시간까지 어디에서 뭐 하고 다니는 거야? 요즘도 후배들 돈 빼앗고 괴롭히고 다니는 거냐?"

"누가 돈을 빼앗는다고 그래요? 아, 진짜 짱나. 그냥 신경 쓰지 마요. 알아서 할 테니까."

(범수는 방으로 휙 들어가 버린다.)

"아, 저 녀석이! 도대체 어쩌려는지."

교무실에서

(담임교사가 범수를 교무실로 불러놓고) "야, 김범수! 너 또 애들한테 돈 빼앗고 심부름 시킨다며?"

"예? 아닌데요."

"뭐가 아니야? 너한테 돈 빼앗긴 1학년들이 꽤 많다고 하던데. 그래도 아니라고 할래?"

"빼앗은 게 아니라 그냥 빌린 거예요. 갚으면 되잖아요."

"뭐? 갚으면 된다고? (한숨을 쉬며) 거기다가 애들한테 왜 강제로 빵 심부름은 시키고 그러냐?"

"제가 시킨 게 아니라 자기들이 사다 주겠다고 한 거예요. 진짜예요."

"네가 협박하니깐 어쩔 수 없이 사다 준 거지. 돈도 안 주고 사 오라고 한다

며?"

"진짜 아니에요. 누가 그러는데요?"

(혼잣말로) "아, 진짜 어이없네."

"뭐라고?"

후배에게 강제로 심부름을 시키거나 때리면서 괴롭히는 아이

학교 후배들에게 빵이나 음료수 등을 강제로 사 오게 하거나, 특별한 이유 없이 마음에 들지 않는다고 후배들을 불러내어 구타하거나 괴롭히는 경우다.

교사의 대처

범수의 담임교사는 학기 초에 범수의 2학년 담임교사로부터 범수가 상습적으로 후배들의 돈을 빼앗아서 선배들에게 갖다 주다가 피해학생 부모의 신고로 들킨 적이 있다는 사실을 전해 들었다. 그래서 학기 초부터 범수가 문제를 일으키지 않도록 관심을 가지고 지켜보았다. 범수를 따로 불러서 이야기를 해 보기도 했다. 하지만 쉬는 시간이나 방과 후에 잠깐 시간을 내서 이야기를 하다 보니 깊이 있는 이야기를 나누지는 못했다.

학기 초에는 범수가 다른 반 아이들과 패를 지어 다니는 것을 종종 보기는 했지만 특별히 눈에 띄게 심각한 문제 행동을 보이지는 않았기에 크게 신경 쓰지 않았다. 그런데 1학년 담임교사들이 범수가 일진 아이들과 1학년 교실에 몰려와서 아이들을 불러 괴롭혀서 걱정이라는 말을 들었다. 범수가 아이들에게 빵 심부름을 시키거나 체육복이나 옷 같은 물건을 강제로 빼앗아 간다는 것이었다. 또 특별한 이유 없이 마음에 들지 않는다며 간혹 후배들을 화장실로 불러내서 협박하거나 구타했다고 한다. 학교에 장기간 결석한 학생의 부모님이 전화 연락을 해 와서 알게 되었다며, 당장 무슨 조치가 필요하지 않겠냐며 도움을 요청해 온 것이다.

상황이 매우 심각하다고 느낀 담임교사는 범수의 부모님께 전화로 대략적인 상황을 말씀드린 후 부모님이 학교에 방문하셔서 면담을 했으면 한다고 하였다. 부모님을 만나 보니 두 분 모두 범수의 문제를 어느 정도 인식하고 계셨다. 그런데 집에서도 혼을 내고 타이르려고 했지만 전혀 말을 듣지 않는다고 걱정하셨다. 오히려 학교에서 엄하게 체벌해서라도 잘 지도해 달라고 부탁하셨다.

담임교사는 우선 부모님의 동의를 얻어 범수에게 교내 상담실에서 상담을 받아 볼 것을 제안했다. 범수는 처음에 매우 강하게 거부하였다. 하지만 정기적으로 상담을 받는 조건으로 학교에서 받게 될 징계나 봉사활동을 조정해 주기로 약속하자 상담에 참여하게 되었다. 그리고 좀 더 전문적인 도움을 위해 교내 상담실에 근무하는 상담교사가 전문 상담심리사에게 상담을 의뢰하였다.

교사의 대처 방법 분석

잘한 점

- 범수에 대해 꾸준한 관심을 가지고 변화시키기 위해 지속적으로 노력하였다.
- 범수의 문제 행동에 대해 적극적인 대처를 하려고 노력하였다.
- 범수의 부모님에게 범수의 상황을 자세히 알려 주고 면담을 요청하여 정확한 문제 상황을 파악하는 데 도움을 주었다.
- 범수의 문제 행동을 수정하기 위해 부모님의 동의를 얻어 다양한 대책을 마련하고자 하였다.
- 학교 상담실에 도움을 요청하고 범수가 전문적인 상담을 받도록 주선하였다.

개선할 점

- 범수와 문제 상황에 대해 이야기할 때 감정적으로 흥분하는 모습을 보이지 않아야 한다.
- 범수가 문제 행동을 하는 원인에 초점을 맞추고 이야기를 충분히 듣는다.
- 평소 범수의 가정생활에 대해 좀 더 관심을 가지고 부모님과 범수의 문제를 미리 공유할 필요가 있다.
- 상담실에서 이루어지는 상담 외에도 학교나 교실에서 할 수 있는 상담적인 전략에 대해 고민해 볼 필요가 있다.

상담적 접근

일반적으로 할 수 있는 관심과 배려

범수가 지닌 욕구에 대해 관심을 가지고 접근할 필요가 있다. 범수가 원하는 것이 무엇인지를 교사나 부모님이 관심을 가지고 살펴보아야 한다. 그동안 범수는 별다른 노력 없이 자신이 얻고 싶은 것을 물리적인 힘을 이용해 쉽게 얻어 왔다. 처음에는 후배들에게 돈을 주고 심부름을 시키다가 점차 협박과 폭력의 강도가 더해지면서 그냥 물건을 사 오게 하고 나중에는 자신이 갖고 싶은 것을 힘으로 빼앗는다. 자신이 무언가 필요하다고 느낀 것을 잘못된 방식으로 획득하는 행동이 강화된 것이다.

또한 범수가 가진 대인 관계에 대한 잘못된 인식을 바꿔 주어야 한다. 현재 범수는 주변의 친구나 후배들을 힘이 센 사람과 약한 사람으로 구분하여 대하고 있다. 또 교사나 부모님과의 관계에서도 그들을 단순히 자신에게 잔소리만 하는 귀찮은 대상으로 여기고 있다. 따라서 범수를 둘러싼 친구, 선배, 후배, 교사, 부모 모두와 바람직한 관계를 형성하는 데 초점을 맞추어 접근하는 것이 필요하다.

구체적인 전략

진정성 드러내기

범수와 같은 아이들은 교사의 말이나 행동에 대해 진심으로 신뢰하지 못하는 경우가 많다. 이런 상황에서 갑자기 문제 행동에 대해 따지듯 대화하려 한다면 더 거리감이 생길 수밖에 없다. 만약 계속해서 범수에게 '지금 네가 하고 있는 행동이 잘못된 것이고, 그로 인해 앞으로 네가 얼마나 많은 어려움을 겪게 될 것인지' 꼬치꼬치 설명부터 한다면 범수는 전혀 듣지 않게 될 것이다. 결국 선생님은 범수에게 뻔한 말만 하는 사람으로 인식될 뿐이다. 그렇게 되면 교사와 범수의 관계는 무의미한 관계가 되어 어떠한 변화와 성장도 기대할 수 없다.

따라서 무엇보다 중요한 것은 교사가 범수에게 '내가 너를 진심으로 걱정하고 있다.'는 사실을 마음으로 느낄 수 있게 해 주어야 한다. 교사가 문제를 일으킨 학생과 이야기하려고 만났을 때는 우선 교사가 지금 학생을 진심으로 걱정하고 있으며, 도와주고 싶다는 마음을 분명하게 전해 주어야 한다. 틀에 박힌 잔소리 같은 말이 아니라 솔직한 진심을 담은 다음과 같은 말이 도움을 줄 수 있다.

"범수야, 네가 이렇게 힘든 행동을 해서 너무 속상하다. 선생님은 솔직히 네가 어떤 생각을 가지고 있는지 잘 모르겠다. 하지만 네가 무슨 생각을 하는지, 지금 어떤 마음인지 이해해 보고 싶어서 진심으로 노력하고 있단다."

교사가 학생에게 진정성을 나타내는 것은 특별한 기술이나 기법이 아닌 마음과 마음의 자연스러운 만남임을 기억하자.

칭찬으로 교정하기

칭찬이 사람을 변화시킬 수 있다는 사실은 모두 알고 있다. 하지만 제대로 칭찬하는 법을 알고, 칭찬하기 위해 열심히 노력하기란 쉽지 않다. 범수와 같은 아이들은 칭찬을 받을 만한 일을 거의 하지 않는다. 하지만 앞으로 잘할 것이라는 가능성을 믿고 칭찬해 보려는 노력이 학생을 변화시킬 수 있다.

어느 교장선생님 이야기입니다. 김 군은 폭력조직을 이끄는 두목으로 전과 13범을 기록한 무시무시한 학생이었습니다. 학교에 와서도 공부는 마음에 없고 선생님과 아이들을 괴롭히며 온갖 못된 짓을 하는 데만 정신을 팔았습니다.

선생님들은 아예 김 군을 포기하고 있었습니다. 이를 지켜보던 교장선생님은 김 군을 변화시키기로 결심했습니다. 그리하여 칭찬과 격려를 시작했습니다. 학교 행사가 있을 때면 김 군에게 책임을 맡겨 진행하게 하였고 개교 기념일에는 표창장을 주었습니다. 표창장 내용이 걸작입니다.

"앞으로 이 학생은 선행할 가능성이 있으므로 이 상을 주어 표창함."

달랑 종이로 된 표창장을 주면 찢어 버릴 수도 있으므로 교장선생님은 아예 패널까지 주었습니다. 김 군이 받아 온 표창장에 부모님이 감격한 것은 말할 것도 없지요. 이후에도 교장선생님은 계속해서 김 군을 칭찬하고 격려했습니다. 많은 학생 앞에서 상을 주기도 하고 김 군의 능력과 가능성을 인정하는 말을 입에 달고 다녔습니다. 김 군은 서서히 변해 갔습니다. 결국 김 군은 자격증을 세 개나 따고 전문대학에 입학했습니다.

– 『행복한 삶을 위한 생각처방전』(박성희, 이너북스, 2010)에서 발췌

대인 관계에 대한 그릇된 인식 바로잡기

범수는 함께 생활하는 친구나 선배, 후배들과 올바른 관계를 맺지 못하고 있

다. 주변 사람들을 자기보다 센 사람, 약한 사람으로 구분하면서 자신보다 힘이 약한 사람은 함부로 다루어도 된다는 식의 잘못된 사고가 깊이 뿌리박혀 있다. 따라서 사람과 사람이 서로 존중하며 관계 맺는 것의 중요함을 깨닫도록 도와주어야 한다.

교사가 범수와 대화를 할 때는 범수가 생각하는 소중한 사람들에 대해 충분히 이야기를 들어주면서 누구나 소중한 존재임을 깨닫도록 해 주어야 한다. 힘이 없는 후배들을 자기 마음대로 괴롭히는 일이 그들에게 얼마나 큰 상처가 될 것인지 자세하게 설명해 주어야 한다. 물론 범수가 처음에는 자기가 한 행동을 부인하거나 자신과는 상관없는 일이라고 외면할 수 있다. 하지만 처음부터 다른 사람을 괴롭히는 일을 즐거워하는 사람은 없을 것이다. 범수가 자신보다 약한 후배들을 괴롭히면서 충족시키는 욕구가 무엇인지를 살펴보고, 그것이 과연 범수에게 어떤 의미가 있는지 반복해서 질문하면서 스스로 느끼게 도와준다.

바람직한 대인 관계 형성을 위해서 또래집단을 대상으로 운영하는 집단상담 프로그램에 참여해 보게 하는 것도 좋다. 개인상담에 비해 집단상담은 다른 사람의 말이나 행동을 보면서 자기 자신을 돌아보게 하는 데 더 도움이 된다. 또한 실제 상황과 비슷한 상호작용을 집단 안에서 경험함으로써 자신의 문제를 인식하고 해결하는 데 좋은 역할을 할 수 있다. 범수와 같이 폭력적인 문제를 가진 아이들로 구성된 동질 집단에 참여하는 것이 도움이 될 수 있다. 집단상담 프로그램은 지역 Wee센터나 청소년상담실 등을 통해 알아보고 참가할 수 있다.

적절하게 욕구 충족시키기

학생들을 지도하거나 자녀를 키울 때는 흔히 하고 싶은 것을 참을 줄도 알아야 한다고 말한다. 아이들이 하고 싶은 것만 하도록 내버려 둔다면 교실이나 가정에서 아이들은 제멋대로 행동하기 쉽다. 그래서 아이들을 지도할 때 참는 법도 배워야 한다면서 아이들의 다양한 욕구를 상황에 따라 지연시키게 된다. 아이들의 모든 욕구를 마음대로 충족할 수 있게 내버려 두는 것은 분명 교육적으로 적절하지 않다.

그런데 우리 아이들이 가진 욕구는 단순하지가 않다. 상황에 따라 지금 바로 충족해야만 하는 욕구, 잠시 지연했다가 충족해야 하는 욕구, 한참 지연하면 사라지는 욕구 등 다양한 욕구가 존재한다. 만약 교사나 부모가 아이들을 대하면서 무조건 모든 욕구에 대해 참아야 한다며 욕구 충족을 막는다면 아이들은 오히려 불만을 느낄 수 있다. 지금 당장 충족할 수 있는 욕구에 대해서는 가능한 한 그것을 채워 주는 것이 바람직하다. 우리나라의 학교와 가정에서는 대개 욕구를 충족시키기보다 지연시키는 방향으로 아이들을 대하는 경우가 많은데, 이는 한 번 생각해 볼 문제다.

적절하게 욕구가 충족되지 못한 아이들의 경우에는 그 반동으로 다른 방향으로 자신의 욕구를 표출하게 된다. 공격적인 행동, 산만한 행동을 보이거나 물건을 물고 뜯는 등의 결핍된 행동을 보일 수도 있다. 범수의 경우도 어린 시절 양육 과정에서 자신의 욕구가 충분히 충족되지 못했을 수 있다. 따라서 교사나 부모는 무조건적인 욕구 지연보다는 적절한 타이밍에 적당한 욕구의 충족을 통해 아이들의 발달에 도움을 주는 것이 좋다. 욕구의 충족과 지연에 대한 좀 더 자세한 내용은 『마시멜로 이야기에 열광하는 불행한 영혼들을 위하여』(박성희, 학지사, 2008)를 참고해도 좋다.

부모와 치유적 동맹관계 형성하기

범수가 상담을 통해 많이 좋아졌다고 하더라도 지속적인 관심과 지도가 필요하다. 이를 위해서는 교사와 부모가 함께 협력적으로 노력해야 한다. 범수의 바람직한 성장을 위해 장기적인 계획을 가지고 치유적 동맹관계를 만들어 보는 것이다. 교사는 범수의 학교생활에 대해, 부모는 범수의 가정생활에 대해 정기적으로 정보를 교환한다. 또한 교사와 부모가 학생과 만나서 그들이 서로에게 많은 관심을 가지고 도와주기 위해 노력한다는 사실을 인식시켜 준다. 필요에 따라 전문적인 도움을 줄 수 있는 상담교사나 심리치료사를 초대할 수도 있다. 중요한 것은 문제 상황을 해결하는 데 급급하여 일시적인 만남에 그쳐서는 안 되며 장기적인 계획을 가지고 충분히 시간을 투자하는 것이다.

담임교사가 모든 아이와 치유적 동맹관계를 형성하기가 현실적으로 쉽지는 않을 것이다. 경우에 따라서 담임교사가 모두 참여하지 못한다면 비슷한 어려움을 겪고 있는 부모를 서로 연결해 주어 함께 고민을 나누고 해결을 위해 노력하도록 주선할 수도 있다.

교사에게 폭력적인 행동을 하는 학생

현수는 중학교 2학년으로 또래 아이들에 비해 키가 크고 덩치도 좋은 편이다. 평소 수업시간에 툭툭 농담을 던지다가 여러 교사에게 지적을 당하거나 혼이 났다. 하지만 현수는 자신이 던지는 농담에 친구들이 키득거리는 것을 즐기며 점점 강도가 심해지고 있다. 현수는 종종 수업시간에 핸드폰을 사용하거나 엎드려 자는 등 수업을 방해하는 행동을 자주 한다. 현수는 수업을 방해했을 때 불러서 혼을 내는 선생님에게 말대꾸하면서 대들기도 한다.

심지어 영어수업 시간에 핸드폰으로 딴 짓을 하는 현수를 꾸짖는 여교사를 손으로 밀치는 상황까지 발생하였다. 교실에서 학생들이 보는 앞에서 폭행을 당한 여교사는 심한 정신적 충격을 받아서 수업에 들어가지 못하고 교직에 대한 회의감을 느끼는 등 외상 후 스트레스 장애 증상을 보이고 있다.

핸드폰 내놓으라고

(수업시간에 핸드폰을 만지는 학생을 향해 여교사가) "김현수, 핸드폰 가지고 나와."

"네? 저요? 저 핸드폰 안 가지고 놀았는데요."

"야, 너 지금 책상 위에 있는 거 핸드폰 아니야? 얼른 가지고 나와."

"어? 이거 핸드폰 아니고 휴대폰인데. 낄낄."

(여기저기서 아이들이 키득거린다.)

"야, 너 그걸 말이라고 해? 빨리 가지고 안 나와!"

(핸드폰을 들고 앞으로 나온 후 손으로 꽉 쥐고 놓지 않는다.)

"손 벌리고 핸드폰 내놔."

"싫어요. 왜 제 핸드폰 가지고 그래요."

(핸드폰을 뺏으려는 여교사를 뿌리치며 팔로 크게 밀쳐 버린다.)

신고할 거예요

(학생부장 교사가 현수를 따로 불러서) "야, 학생이 어디 선생님을 밀치고 그래. 너 뭐하는 녀석이야? 어?"

"밀친 거 아니에요. 그냥 핸드폰 잡고 있다가 놓은 거예요."

"계속 둘러댈 거야? 너 도대체 태도가 왜 이렇게 불량해. 너도 맞아야 정신이 들겠냐?"

"때리세요. 때리면 저도 경찰에 신고할 거예요."

"뭐, 뭐라고? 너 정말……."

폭행당한 교사와 동료 교사의 대화

(동료 교사가 눈물을 훔치는 김 교사를 다독이면서) "김 선생님, 몸은 어때요? 좀 괜찮아졌어요?

"몸이 아픈 것보다 너무 수치스러워서 교실에 들어갈 수가 없어요."

"그래도 어쩌겠어. 김 선생님이 힘을 내야지. 다른 아이들이 김 선생님을 기다리고 있잖아. 얼른 마음을 추슬러야지."

"저 정말 더 이상 못하겠어요. 교실에서 아이들한테 이런 우스운 모습이나 보이고. 이런 상태로는 도저히 수업을 할 수가 없어요. 흑흑."

교사에게 폭력적인 행동을 보이는 아이

산만한 행동으로 수업을 방해하고 훈계하는 여교사에게 반항하면서 폭력적인 행동을 보이는 경우다.

교사의 대처

현수의 담임교사는 다른 동료 교사로부터 평소 현수의 수업 태도가 좋지 않다고 들은 적이 있다. 하지만 이때까지만 해도 현수가 단순히 수업에 집중하지 않고 딴 짓을 하는 정도라 생각했다. 담임교사가 수업할 때는 열심히 집중하지 않는 정도였기에 현수에게 그냥 다른 수업시간에 좀 더 집중해서 열심히 공부하라고 다그치는 정도로 얘기했다. 그런데 영어를 가르치는 동료 여선생님이 현수로부터 폭행을 당했다는 이야기를 듣고 매우 놀랐다. 이때부터 담임교사는 현수의 문제 상황을 자세히 살펴보기 시작했다. 다른 과목 선생님들에게 현수에 대해서 자세히 물어보니 이 사건만큼은 아니어도 가끔 선생님에게 심하게 대들며 폭력적인 행동을 보인 경우가 종종 있었다는 이야기를 듣게 되었다. 주로 현수가 여자 선생님이나 엄하지 않은 선생님의 수업 때 매우 심하게 수업을 방해하고 대드는 모습을 보이고 있다는 사실도 알게 되었다.

담임교사는 현수를 따로 불러서 영어수업 시간에 왜 그렇게 했는지 물었다. 현수는 자신이 밀친 것이 아니라 선생님이 핸드폰을 뺏다가 넘어진 것이라고 계속 둘러댔다. 그리고 왜 다른 애들도 수업시간에 핸드폰을 가지고 노는데 자기에게만 뭐라고 하는지 모르겠다며 오히려 화를 내기도 했다. 또 담임교사가 평소 여러 수업시간에 왜 집중하지 않고 장난을 치며 수업을 방해하는지 물었더니, 이미 다 배운 내용이라 수업이 재미없어서 그냥 딴 짓을 한 것이라고 대답했다.

문제의 심각성을 느낀 담임교사는 현수의 이런 문제 행동을 부모님께 전화로 알려 드렸다. 하지만 현수의 부모님은 현수의 행동을 심각하게 생각하지 않는 것처럼 보였다. 현수의 부모님은 현수의 학업 성적도 좋은 편이고 친구 관계도 원만하다고 이야기하면서 현수의 행동을 심각하게 여기지 않는 것 같았다.

담임교사가 혼자서 현수의 문제를 대처하기 어려워 학생부장 교사에게 도움을 요청하였다. 하지만 학생부장 교사와의 면담에서도 현수의 반항적인 태도는 계속되었다. 심지어 자신을 때리면 경찰에 신고하겠다고 학생부장 교사를 협박하기도 했다.

교사의 대처 방법 분석

잘한 점

_ 일어난 문제 상황에 대한 현수의 입장을 들어 보고자 노력하였다.

_ 현수의 문제 행동에 대해 다른 교사의 의견을 들어 보았다.

_ 현수가 저지른 교사에 대한 폭력행동에 대하여 부모님께 알려서 도움을 요청하였다.

_ 현수의 문제에 대처하기 위해 주변 동료 교사에게 도움을 구하였다.

개선할 점

- 현수의 부모님과 전화 통화만이 아니라 직접 학교에서 만나서 문제의 심각성을 자세하게 알리는 것이 필요하다.
- 평소에 현수의 수업 태도 및 학교생활에 대해 좀 더 관심을 가지고 지켜보는 노력이 필요하다.
- 현수에게 교사 및 다른 사람들과 원만하게 의사소통하면서 관계 맺는 방법에 대하여 가르쳐 줄 필요가 있다.
- 현수가 자신의 행동이 매우 심각한 것임을 스스로 깨닫도록 자기가 한 문제 행동의 책임과 처벌에 대해 분명하게 알려 주어야 한다.

상담적 접근

일반적으로 할 수 있는 관심과 배려

현수가 수업시간에 교사들에게 대들거나 수업을 방해하는 이유가 무엇인지 살펴보아야 한다. 현수는 자신이 선생님 앞에서도 대들면서 말대꾸할 수 있는 사람이라는 것을 다른 친구들에게 보여 주기 위해서 의식적으로 문제 행동을 반복하는 것일 수 있다. 자신이 수업시간에 농담이나 말대꾸 등을 할 때 다른 친구들이 웃으면서 자신을 바라보는 것으로 스스로가 뿌듯함을 느끼기도

하는 것 같다. 또한 다른 사람과 올바르게 관계 맺는 방법에 대해 잘못된 인식을 가지고 있을 수 있다. 다른 사람의 감정이나 상황을 고려하면서 자신의 생각이나 느낌을 적절하게 전달하는 방법을 잘 모르고 있다. 따라서 주변 사람들과 원만하게 의사소통하고 긍정적인 관계를 형성하는 방법에 대한 학습이 필요하다.

감정적으로 대하지 않기

현수와 같이 교사에게 대들거나 폭력적인 행동을 보이는 경우, 교사들은 매우 당황하게 되고 감정적으로 흥분할 수 있다. 반항적인 행동을 하는 학생을 대할 때 교사가 같이 흥분하여 감정적으로 대할 경우, 문제 상황은 오히려 악화될 수 있다. 따라서 교사가 최대한 침착함을 유지하고 일어난 문제 상황을 차분하게 이해하고 대응하려고 노력해야 한다. 자신도 모르는 사이에 흥분하여 감정적으로 대할 것 같다면 잠시 모든 행동을 멈추고 아무런 말도 하지 말고 기다려 보는 것도 도움이 될 수 있다. 감정을 침착하게 유지하려는 교사의 행동은 폭력적인 행동을 보이는 학생에게도 지금 자신의 행동을 돌아보게 할 수 있다. 만약 교사가 폭력적인 행동에 대해 마찬가지로 폭력적으로 대처한다면 더욱 곤란한 상황이 이어질 것이다. 혹 폭력에 대한 교사의 반응이 지나칠 경우, 교사 스스로 자기 내면에 대한 탐색이 필요할 수 있다.

강화와 처벌의 분명한 기준 알려 주기

중학생의 경우 인지적 · 정서적 · 신체적으로 완벽하게 성숙하지 않은 상태다. 학교 및 일상생활에서 필요한 사회적 규범이나 기본 예절에 대하여 인지적인 이해를 하고는 있지만, 정서적으로 충분히 내면화되지 않은 상태이기에 자신이 아는 것과 행동하는 것 간에 차이가 나타나는 경우가 있다.

또한 어른들이 생각하기에 너무나 당연한 일에 대해서 학생들은 올바른 행동인지 혹은 잘못된 행동인지 구분하지 못하는 경우가 더러 있다. 자신의 행동이 잘못인 줄 알면서도 문제 행동을 반복하는 경우도 많지만, 의외로 자신이 하는 행동이 잘못인지조차 모르고 하는 경우도 꽤 많다. 이때 교사나 부모는 학생의 행동에 대해 그것이 왜 문제가 되는지 분명하게 구분해 주어야 한다. 이를테면 아이가 함부로 쓰레기를 버리는 경우 단순히 쓰레기를 바닥에 버리면 안 된다는 기초 질서 차원이 아니라, 사람과 사람이 공존하는 사회라는 공간 안에서 지켜야 할 인간 관계적인 신뢰와 행동이라는 차원에서 문제가 된다는 점을 설명해 주어야 한다. 예를 들어, 사람들이 서로 만나서 의견이 충돌할 경우 자신이 하고 싶은 말만 일방적으로 표현하는 것보다는 상대방의 입장에서 이해해 보기 위해 노력하는 것이 더 좋은 방법임을 알려 주는 것이다. 이 과정에서 필요하다면 올바른 행동의 빈도를 높이고 잘못된 행동을 수정하기 위해 적절한 수준의 강화나 처벌을 활용하는 것도 좋다.

체계적인 학급 규칙 정하기

학생들의 폭력적인 행동을 줄이고 바람직한 학급 분위기를 만들기 위해서는 체계적인 학급 규칙을 정하여 활용하는 것이 도움이 된다. 교사는 학생들의 긍정적인 행동 변화를 이루기 위해서 행동 수정의 원리를 이용하여 구체적인 학급 규칙 및 운영 방침을 정할 수 있다. 학급 규칙을 정할 때는 가급적 구체적인 내용으로 작성하고, 잘 지켰을 때의 보상이나 잘 지키지 못했을 때의 처벌에 대해서 자세하게 기술해야 한다. 학급 규칙 및 운영 방침을 정할 때 교사가 일방적으로 주도하기보다는 학생들과 함께 상의하여 정하는 것이 실제 운영에 있어서 좀 더 효과적일 것이다.

생활 장면에서 인성교육하기

인격적 소양을 키우고 바람직한 인성을 갖추도록 꾸준히 교육하는 것도 중요하다. 매년 학교 현장에서는 인성교육을 외치고 있지만 실제적인 효과를 크게 거두지 못하고 있다. 생각해 보면, 인성교육을 외치면서 정작 무엇을 어떻게 가르쳐야 할 것인지에 대해서 뚜렷한 대책이 없는 것이 한 원인일 수 있다. 아직까지도 효과적인 인성교육을 위한 지침서나 지도 방법을 찾아보기가 어려운 것이 이를 말해 준다.

최근 창의성 교육과 인성교육을 통합하여 실제 생활 장면에서 교육하도록 하는 창의, 인성 프로그램이 학교현장에서 강조되고 있다. 실제 생활 장면을 중심으로 이루어지는 인성교육은 교실에서만 이루어지던 형식적인 교육활동에서 벗어나 학생들이 실제로 공감하고 느낄 수 있게 하기에 학생들에게 많은 도움을 줄 수 있다. 가능하다면 학교에서 이루어지는 창의적 체험활동(야영, 현장학습, 봉사활동 등)을 계획할 때 학생들의 인성적 측면의 성장을 촉진할 수 있도록 다양한 상담적 요소를 포함하여 실제로 운영하면 좋을 것이다.

구체적인 전략

역할극하기

문제행동을 보인 학생은 자신의 폭력적인 행동으로 인해 다른 사람이 힘들어하거나 마음에 상처를 받고 있다는 사실을 경험해 볼 필요가 있다. 이때 도움을 줄 수 있는 방법의 하나가 역할극이다. 자신이 했던 똑같은 행동을 다른 사람이 하도록 하고 자신이 상대방의 입장이 되어 어떤 생각과 느낌이 드는지 경험해 보는 것이다. 역할극을 할 때는 문제 행동을 보인 학생이 주로 했던 폭력적인 행동을 최대한 흡사하게 보여 주는 것이 좋다. 또한 폭력적인 행동에 대해 상대방이 보였던 반응을 학생에게 따라 해 보게 한다.

만약 역할극에 참여하기를 거부한다면 다른 사람들이 같은 장면을 연기하게 하여 그것을 지켜보게 하는 것도 도움이 될 수 있다. 역할극을 쭉 지켜보다가 실제로 참여해 보도록 이끌어 줄 수도 있다. 스스로 원하지 않는 경우 역할극의 참여를 지나치게 강요하지는 않는다.

역할극을 진행하면서 무엇보다 중요한 것은 다른 사람의 입장에서 생각해 보는 공감적 이해를 경험하도록 도와주는 것이다. 자신이 했던 폭력적인 행동으로 인해 다른 사람들이 겪었을 상처와 고통스러운 감정을 진심으로 이해하게 된다면 스스로의 행동에 대한 고민과 회의가 일어날 수 있다. 문제 행동의 변화는 스스로 깨닫는 과정에서 시작된다.

의사소통 기술 익히기

현수와 같은 문제를 지닌 학생들의 경우 사람들과 올바르게 의사소통하는 기술을 익힐 필요가 있다. 자기가 표현하고 싶은 마음을 전달할 때 잘못된 의사소통 기술로 인해 진심과는 다르게 오해를 받는 경우가 생길 수 있기 때문이다. 의사소통 능력 향상을 위해 활용할 수 있는 전략으로는 '나-전달법'과 반영적 경청을 들 수 있다.

우선 나-전달법의 경우 매우 유명한 기법이지만 실제로 이 기법을 시도하면서는 어려움을 겪기도 한다. 단순히 '네가 ~해서 나는 ~한 마음(생각)이 들어.'의 나-전달법 형식에 치중하여 대화하다 보면 오히려 어색한 의사소통이 이루어질 수 있다. 나-전달법을 교실에서 적용하면서 중요하게 생각할 것은 바로 교사의 상태나 감정을 있는 그대로 학생들에게 전달함으로써 현재의 문제 상황을 재점검하도록 도와주는 것이다. 교사는 이 과정을 통해 문제의 해결이 학생의 입장에서 자연스럽게 이루어지도록 도와주는 역할을 하면 된다.

다음으로 반영적 경청을 살펴보자. 문제를 일으키는 학생들 대부분은 자신에게도 어려움과 아픔이 있는데 사람들이 이를 알아 주지 않아서 불만이라고 생각한다. 이런 학생들에게 상담 장면에서 필요한 것은 문제 상황의 원인이 된 행동을 비난하거나 논리를 동원하여 설득하는 것이 아니다. '너도 많이 속상했겠구나' '너도 힘들었겠네.'와 같이 단지 학생의 마음을 이해하고 어루만져 주는 반영적 경청이 필요하다.

교사를 향해 폭력적인 행동을 보이는 학생에 대해 나-전달법과 반영적 경청을 한다는 것은 분명 쉽지 않을 것이다. 하지만 이를 꾸준히 활용하여 학생과 의사소통한다면 학생 스스로 자신의 문제를 깨닫고 변화하는 데 큰 도움이 될 것이다.

에너지의 방향 바꿔 주기

현수와 같은 문제를 나타내는 아이들은 자신의 에너지를 주로 폭력적으로 표출하고 있다. 다시 말해서, 에너지의 방향이 폭력적인 성향을 나타내고 있는 것이다. 중학교 시기에는 에너지가 충만한데 이를 폭력적으로 표출함으로써 많은 문제가 발생하게 된다. 따라서 이러한 아이들에게 정당한 방법으로 자신의 에너지를 건강하게 표출하는 방법을 안내해 주면 도움이 될 수 있다. 예를 들어, 학급에서 가장 힘이 센 아이에게 학급 리더를 맡기는 것과 같은 방법이 있다. 힘이 센 아이가 그동안 아이들을 때리거나 괴롭히는 방향으로 사용했던 자신의 에너지를 학급 리더로서 아이들을 긍정적으로 통솔하는 데 사용하게 하는 것이다.

꼭 학급 리더가 아니더라도 폭력적인 행동으로 향하는 에너지의 방향을 돌릴 수 있는 적절한 역할을 제시하는 것으로도 효과를 볼 수 있다. 이는 상반행동 강화의 원리로서, 교사가 학급의 상황과 아이의 특성을 잘 고려하여 사용한다면 매우 좋은 전략이 될 것이다.

또한 에너지의 방향을 바꾸기 위한 다른 방법으로 역경치료를 들 수 있다. 문제 행동을 보이는 아이에게 아주 혐오스럽거나 무시하는 말을 해 아이의 분노를 폭발시켜서 아이가 자신에 대한 평가가 틀렸다는 것을 증명하기 위해 좋은 쪽으로 행동하도록 이끄는 방법이다. 학급에 있는 폭력적인 행동을 보이는 아이에게 교사가 '역시 너는 모든 일을 폭력으로 해결하는구나. 너는 폭력을 사용하지 않으면 친구들로부터 절대 인정받지 못할 거야.' 와 같은 반응을 보이는 것이다. 그러면 아이는 '아니에요. 저도 폭력을 쓰지 않고도 친구들로부터 인정받을 수 있어요. 한번 해 보일 테니 지켜보세요.' 와 같은 반응을 이끌어 낼 수 있다. 단, 이 방법은 매우 위험할 수도 있으니 실제로 적용하기 전에 반드시 전문가의 충분한 조언과 교사 스스로 많은 준비가 필요하다.

교사와 힘겨루기를 하는 학생

종민이는 초등학교 5학년 때 친구들로부터 집단 괴롭힘과 따돌림을 경험한 중학교 신입생이다. 중학교에 올라오자 자신의 존재 가치를 증명하고 친구들에게 괴롭힘을 당하지 않는 방법으로 선생님과 맞서기(이른바 센 척하기)를 선택하였다. 그리하여 친구들 사이에서 일약 스타가 되었고, 자신의 행동에 대해 점점 센 척하기의 강도를 강화하여야 하는 딜레마에 빠지게 되었다.

☘ 수업 시간

(종민이가 껌을 씹으며 스마트폰을 만지고 있는데 교사가 들어와서 자리를 정리하고 수업하자고 한다.)

"자, 모두 조용하고 수업하자! 책 75쪽 펴라!"

"에이, 시×! 뭐가 이리 시끄러워!"

"방금 욕한 사람 누구야!"

(잠시 침묵이 흐른다.)

"반장, 방금 욕한 사람 누구냐?"

"잘 못 들었는데요?

"그럼 내가 헛것을 들었단 말이야!"

"그런가 보죠."

(아이들이 웃는다.)

"그런가 보죠? 나와 봐."

"왜요?"

"나오라면 나오지 왜 말이 많아?"

"아! 뭘 잘못했는지 이유를 알아야 나가든 말든 할 거 아녜요! 재수가 없을려니깐, 씨×."

"너 방금 뭐라고 했어!"

"씨×이라고 했다, 왜?"

"너, 교무실로 내려와!"

교사를 희생양으로 센 척하는 아이

평소 학급에서 존재감이 별로 없고 친구들에게 주목받을 만한 학업 성취나 특기가 없는 학생이다. 그러나 친구들이 자신을 괴롭히지 못하게 하는 방법으로 교사를 공격하는 행동을 한다. 이를 통해 자신을 선제적으로 방어하고 교사와 대등한 관계를 설정함으로써 친구들 사이에서 자신의 우월함을 과시하려고 하는 경우다.

교사의 대처

3년차 과학(생물)담당인 김 선생님은 유난히 소란스러운 3반이 부담스럽다. 특히 자신의 수업시간에 빈정거리고 이죽거리는 종민이가 거슬린다. 매 시간 밀담을 하지만 종민이의 의도를 잘 파악하지 못하고 있다. 그래서 종민이가 쳐 놓은 그물로 다가간다. 김 선생님은 수업에 들어가서는 바로 수업을 하자며 공식적인 교사-학생 관계를 요구한다. 학생들의 소란이 가라앉기 전에 한 학생(종민)이 욕설을 하고, 선생님은 이 욕설이 자신을 향한 것이라고 받아들여 화를 내며 범인을 찾으려고 한다. 범인이 확인되지 않자, 김 선생님은 반장에게 도움을 구한다. 반장의 도움을 받지 못하자 자신이 헛것을 들었느냐고 되물으며 스스로 문제를 키운다. 본질에서 벗어난 말싸움에 말려든 김 선생님은 종민이를 강제로 교실 앞으로 불러내어 조금 전 한 욕설을 계속 확인하려고 한다.

그래도 부족하면 교무실로 불러 야단을 치기도 했다. 종민이의 의도는 물론이고 이후의 상황이 어떻게 전개될지 전혀 예상하지 못한 채, 김 선생님은 늪 속으로 점점 깊이 빠져 들어간다.

교사의 대처 방법 분석

잘한 점

_ 책임감을 갖고 수업시간에 임했다.

_ 학생들이 수업시간에 지켜야 할 기본 예절을 지키려고 하였다.

_ 직접적인 욕설이나 폭력(체벌)을 가하지 않았다.

_ 아이를 지목하여 야단을 칠 때 학급원들이 모두 보는 교실을 벗어나 교무실로 이동하였다.

개선할 점

_ 센 척하는 아이의 심리상태를 이해할 필요가 있다.

_ 범인 찾기에 집중함으로써 문제의 본질을 벗어나 상황을 악화시켰다.

_ 욕설을 반복하게 함으로써 잘못을 확인하려 하였으나, 오히려 자신에 대한 공격을 강화시키고 수업을 우스꽝스럽게 만드는 기회를 제공하였다.

_ 문제를 키우지 않고 해결하는 언어적 기술(나-전달법)과 상담적 해결을 위한 역할극 등의 기법을 적용할 필요가 있다.

상담적 접근

일반적으로 할 수 있는 관심과 배려

- 종민이가 욕설을 통해 센 척하기를 하는 원인을 파악한다. 담임교사와 평소 종민이의 행동 특성과 지도 방안에 대해 상의하고 대처 방안을 협의한다.
- 종민이의 욕설 행동에 하나하나 따지지 말고 대담하게 반응한다.
- 학생들의 수업권을 침해하지 않는다. 수업을 우스꽝스럽게 만들고 센 척하기를 통해 자신의 존재감을 드러내려는 학생의 의도를 무력화시키기 위하여 쉬는 시간에 상담실이나 교무실에서 이 일을 다루겠다고 선언하고 수업을 재개한다.
- 욕설 행동에 대해 규정된 적절한 벌점을 부과한다. 그리고 종민이의 지도는 담임교사 혹은 생활지도 담당교사에게 인계한다.
- 필요하다고 생각되면 따로 시간을 내어 종민이와 상담을 한다. 다른 수업시간에도 이렇게 하는지, 혹은 유독 자신의 수업시간에만 그러는지 확인하고, 종민이의 욕설 행동이 갖는 의미에 대하여 종민이와 함께 고민해 본다. 그럼으로써 교사인 자신이 느끼는 불편감과 분노, 그리고 종민이의 욕구가 동시에 해결될 수 있는 방안을 찾아간다.

구체적인 전략

갈등 해결 방법

- 잘못한 행동과 그에 대한 대응은 균형이 이루어져야 한다. 말로 욕설을 하여 수업 분위기를 흩뜨리고 자신의 존재감을 과시하려는 센 척하기 행동에 대해서는 대담한 말로 대응한다. (즉, "누군가 욕설 혹은 유머를 한 것 같은데 수업시간에는 적절하지 않을 것 같아. 그 사람은 나와 대화가 좀 필요하겠어!"와 같이 말한다. 이때 학생들은 웃으며 해당 학생을 쳐다볼 것이고, 교사는 자연스럽게 원인을 제공한 학생을 파악할 수 있다.)
- 직접적 욕설하기와 같은 의도적 공격 행동에 대해서는 단호하게 대처한다. 학생의 행동이 허용되지 않음을 분명하게 지적하고 교사 자신이 교실에서 할 수 있는 행동과 다음 과정의 대처에 대해 안내한다. ("수업시간을 방해하려는 너의 그런 행동과 말을 선생님은 허용할 수가 없구나. 너에게 규정에 따른 벌점과 함께 재발 방지를 위한 상담이 필요할 것 같다.")
- 개인적 상담이 필요하다. 특정 학생이 특정 교사의 시간을 자신의 센 척하기 행위의 대상으로 선택하였다면 그 원인과 대처 방식을 분석해 볼 필요가 있다. (왜 나를 대상으로 센 척하기를 시도하였을까? 그 행동이 갖는 의미가 뭘까? 어떻게 하면 다른 방식으로 학생의 욕구를 표현하도록 도울 수 있을까?)
- 학생들의 수업에서의 도전적 언어와 욕설에 대한 대응 방법을 익힐 필요

가 있다. 나-전달법이 그 예다. '너의 그러한 말과 행동은 내게 ~한 감정을 불러 오는구나!' 와 같이 반응할 때, 교사는 학생들에게 좀 더 부드럽게 자신의 감정을 표현할 수 있게 된다. 학생들 역시 교사가 느낀 감정을 받아서 처리하기 때문에 말꼬리를 잡고 억지를 부리기가 어려워진다. ("너의 욕설은 선생님에 대한 공격으로 들려서 매우 마음이 불편하구나! 나는 수업시간 중에 그런 표현을 듣고 싶지가 않아. 그 말을 들으니 나도 욕을 해 주고 싶을 만큼 마음이 불쾌해지는구나.")

역할극

- 종민이의 행동이 잘못되었다는 것은 누구나 알 수 있다. 문제는 이 잘못된 행동을 통해 그가 얻고자 하는 바가 무엇이며 교실 공동체가 경험하는 바가 무엇인지 교육적 관점에서 접근할 필요가 있다. 교사가 전문적으로 성숙하게 대처한다면 문제 상황조차 학생들에게 교훈을 주고 인성교육을 할 수 있는 좋은 기회로 활용할 수 있다. 문제 해결의 방법 중 역할극은 상황을 보다 객관적으로 인식하고 상대방의 심정을 이해하게 함으로써, 그 일이 당사자에게뿐만 아니라 많은 친구에게 어떤 배움을 주게 되는지 성찰하게 한다.
- 역할극에 필요한 시간과 장소는 간단하다. 방금 일어난 사건에 대해 학생들의 동의를 구하고 그것을 역할극으로 구성하여, 서로의 입장을 살펴보

고 앞으로는 이런 일이 일어나지 않도록 교실 공동체가 함께 해결하자고 제안하는 것이다. 역할극을 위한 시간은 20분 내외면 적절하다.

• 구체적인 방법과 전개 과정은 다음과 같다.

먼저 당사자인 학생과 교사가 역할극의 주인공이 된다. 이때 해당 학생이 이를 맡지 않으려고 할 경우 다른 학생이 대체하여 역할을 맡는다. 교사는 수업에 들어오는 장면부터 사건이 일어난 상황을 재연하며 매 순간 느꼈던 감정을 전달한다. "에이, 시×! 뭐가 이리 시끄러워!"라는 말을 듣고서 교사는 그 말이 자신에 대한 공격으로 여겨져 무시 받는 느낌이 들었고, 누군가 확인하여 벌을 주고 싶은 마음이 들었노라고 말할 수 있다. 그 결과 "방금 욕한 사람 누구야!" 하고 말하였지만 그 표현은 오히려 학생들에게 방어적 대응을 하게 하는 등 적절치 못한 접근이었다고 전달한다. 그리고 학생들의 침묵에 더 화가 나서 화를 제대로 다스리지 못한 채 반장을 다그쳤다고 고백한다. 이때 반장은 교사의 질문에 순간적인 갈등을 느꼈으며 종민이가 그런 말을 한 것을 들었지만 선생님의 편을 들 수 없었던 난처함을 말한다. 교사는 "내가 네 입장을 난처하게 만들었구나."라고 말한다. 아울러 그 말을 들었을 때 다른 친구들은 어떤 감정을 느꼈는지 친구들의 이야기를 들어 본다.

친구들은 종민이가 센 척하기 행동을 하기 위해 과학 선생님을 희생양으로 삼은 것에 대해 분노하거나 재미있는 일이 일어날 것이라는 기대감 등을 말한다. 이때 종민이는 왜 그런 행동을 했어야 했는지 물어본다. 그것을 통해 얻을 수 있는 것이 무엇이며, 그 방법이 정당했는지, 다른 학생들의 수업권을 침해하면서까지 자신의 센 척하기 행동을 하는 것을 학급 공동체가 용인해야 하는지 의견을 나눈다.

- 누구나 친구들에게 주목받고 중요한 사람이 되는 것을 희망하지만 그 방법으로써 다른 사람에게 상처를 입히고 해를 끼치는 것은 용인되지 않는 폭력이라는 점을 학급 공동체가 공유하고 이러한 상황이 일어나면 다른 친구들이 어떻게 대응할 것인지 매뉴얼을 만들어 본다. 예를 들어, 종민이가 욕설행동을 통해 센 척하기를 시도한다면 학급의 여러 친구가 입을 모아 'STOP!' 이라고 외치거나 아무런 관심을 주지 않고 무시하는 식으로 매뉴얼을 만든다.
- 역할극의 마무리는 바람직한 대응 시나리오를 체험하는 것이다. 즉, 교사가 먼저 적절하지 못했던 자신의 접근 방법을 바람직한 방법으로 바꾸어 접근하고, 학생들 역시 올바른 태도와 언어로 그 일을 재구성함으로써 이러한 상황에서 가장 효과적이고 올바른 접근이 어떤 것인지 모든 학급원이 함께 체험하는 것이 중요하다. 이때 잘못된 행동을 비난하거나 지적하여 사과를 받아 내는 것에 집중해서는 안 된다. 상황이 전개되면서 발생하는 감정과 느낌에 집중하여 자기 자신뿐 아니라 다른 사람도 상처받지 않고 서로의 의사를 전달하고 공감하는 체험을 해 보는 것이 핵심이다.

재미 삼아 했는데……

외설적인 성적 표현이 심한 학생

성폭력을 저지른 학생

현실과 가상세계를 혼동하는 학생

사이버 폭력을 일삼는 학생

4

외설적인 성적 표현이 심한 학생

인석이는 초등학교 3학년 때 어머니가 가출하신 이후 아버지 슬하에서 성장하였다. 할머니가 잠시 돌보기는 하였으나 오래 가지 못하였고, 아버지가 일을 나가시면 늘 집에 혼자 있게 되었다. 그러다 보니 아무에게도 간섭을 받지 않고 음란 서적이나 음란 동영상을 수시로 보게 되었다.

중학교에 올라와서는 인석이네 집이 동네 친구들의 휴식처가 되었고, 친구들과 함께 음란 서적 및 동영상을 보는 일이 많아졌다. 학교에 오면 자랑삼아 자기가 본 이야기를 떠들어 댔고, 이에 대해 불쾌하게 반응하는 여학생들에게는 대놓고 놀리는 등 더 심한 장난을 쳤다. 심지어 수업시간에 여선생님에 대한 성적인 표현을 적어서 다른 친구들에게 돌리는 등의 성적 언행을 반복하였다.

▼ 쉬는 시간

"야, 어제 진짜 죽여 주는 거 봤다. 너네 내 얘기 듣고 싶으면 이리 와 봐."

"쟤 또 시작이다."

"그래도 재미있잖아. 공짠데 가서 들어주지 뭐."

"뭔데, 어서 시작해 봐."

"있잖아~~ 키득키득."

❖ 여학생 반 교실 앞에서

"야, 너 걸레년이지."

(옆에서 듣고 있던 친구가) "너 무슨 말 하는 거야?"

"걔 걸레년 맞아. 내가 친구한테 들었는데 걔 그거 한 거 맞아. 아닌 척하고 다니는 꼬락서니 하고는……."

"야, 걔 운다. 그만해."

"괜찮아. 자기가 한 짓이 있어서 못 이를 거야. 걸레년, ×같은 년……."

"야, 걔 교무실 간다. 넌, 이제 죽었다."

"어, 안 되는데……. 빨리 튀자. 그게 낫겠다."

▼ 수업 시간

(수업하는 여선생님을 보며 쪽지에 써서 짝꿍에게 전달한다.)

"야, 저 선생 B컵은 되겠지?"

"B컵밖에 안 될까? C컵은 되지 않아?"

"B컵 맞아. 내가 정확하다니까. 야, 나 오늘 휴대폰 안 냈는데 우리 이따 사진 찍자. 네가 선생님한테 뭐 물어보면 내가 가서 치마 밑을 슬쩍 찍을게."

"그래, 너 지난번처럼 실패하면 안 된다."

(이때 선생님이 두 친구의 쪽지 주고받는 장면을 발견하고 와서 쪽지를 본다. 두 친구는 교무실로 불려간다.)

수시로 성적 발언을 하여 주변 사람을 곤란하게 하는 아이

인석이는 음란 서적과 음란 동영상을 많이 보는 아이로, 자기가 본 이야기를 친구들에게 들려주는 것을 좋아한다. 그뿐 아니라 여러 사람이 있는 곳에서 여학생을 향해 성적인 발언을 하며 골리기도 하고, 울리는 것을 재미있어 하는 경우다.

교사의 대처

담임교사는 인석이가 한 행동에 대한 지도를 위해 수차례 인석이를 불렀다. 장난삼아 하는 행동도 상대방에게 불쾌감을 준다면 잘못된 것임을 일러 주고 야단도 치고, 타일러도 보았다. 하지만 인석이는 야단맞을 때만 울면서 잘못했다고 빌 뿐 똑같은 잘못을 반복했다. 인석이 아버지에게 도움을 요청하기 위해 학교로 와 주실 것을 부탁하였으나 일을 핑계삼아 오시지 않았고, 문제는 계속되었다. 마침 학교에서 하는 성교육 시간이 있어서 인석이에게는 특별히 성교육 소감문을 써 오게 하였다. 인석이가 써 온 소감문에는 오히려 성 관련 용어들만 나열되어 있었고, 잘못을 인정하거나 반성하는 기미는 전혀 보이지 않았다. 이 소감문이 담임교사를 극도로 화나게 만들었고, 인석이는 심하게 야단을 맞았다. 그 후로도 인석이로 인해 불쾌해지는 사람들은 늘었고, 정말 난감한 지경에 이르렀다.

교사의 대처 방법 분석

잘한 점

_ 장난삼아 하는 행동도 상대방에게 불쾌감을 준다면 잘못된 것임을 잘 일러 주었다.

_ 비록 협조를 얻지는 못했지만 아버지와 상의하여 문제를 해결해 보려고 노력하였다.

_ 성교육 시간에 잘 듣고 소감문을 써 오게 함으로써 성교육 시간에 좀 더 진지하게 듣도록 하였다.

개선할 점

_ 예방 차원에서 접근하기보다는 문제가 생겼을 때 수습하기 바빴다.

_ 야단을 칠 때 우는 아이의 특성을 잘 파악할 필요가 있는데, 이를 반성의 의미로 생각하고 넘어가다 보니 문제 행동이 개선되지 않고 지속되었다.

_ 아버지의 협조가 꼭 필요한데도 소극적으로 대처하여 결국 아버지의 도움을 얻지 못하였다.

_ 성교육 소감문 내용을 보고 담임교사가 화난 감정을 표현하기보다는 아이의 성적 심리 상태를 이해하고 접근하는 것이 필요하다.

_ 청소년기의 성에 대한 관심을 이해하면서도 이를 바르게 표현할 수 있는 방법을 지도하는 것이 더 바람직할 것이다.

상담적 접근

일반적으로 할 수 있는 관심과 배려

학생의 성적 표현에 대한 교사 자신의 반응을 점검해 본다

요즘 청소년은 다양한 방법으로 성을 알아 간다. 부모나 교사가 알려 주는 규범적인 성 문화가 아니라, 인터넷이나 음란 서적을 통해 개방적이고 자유로운 성 문화에 접하는 경우가 많다. 가정이나 학교에서 배우는 성보다는 훨씬 자극적인 성에 더 쉽게 다가가며 어른들이 모르는 세계에서 성을 탐닉하는 것이다. 이러한 청소년의 성적 특성을 이해하고 그들을 지도하기 위해서는 교사 자신의 성에 대한 반응부터 점검해 볼 필요가 있다. 성에 대한 교사의 인식과 감정과 가치관이 학생에게 그대로 투사되어 오히려 학생지도에 걸림돌이 될 수도 있기 때문이다. 학생이 성과 관련하여 문제 행동을 보였을 때 이를 회피하려는 교사가 있는 반면 심하게 부정적으로 반응하여 아이에게 더 큰 상처를 남기는 교사도 있다. 이러한 우를 범하지 않으려면 우선 교사 자신이 성을 공부하고, 성에 대한 자신의 감정을 살펴보고, 성에 대한 가치관을 검토해 보는 것이 필요하다. 그런 후에 아이들의 성 관련 문제에 접근해 가는 것이 긍정적인 결과를 기대할 수 있다.

평소 예방 차원의 성교육이 필요하다

최근에는 학교현장에서 성교육을 활발히 실시하고 있다. 그러나 학생들은 성교육 시간에 주로 성 관련 용어에만 관심이 가고 그로부터 꼬리를 물고 생각나는 것을 따라가다 보면 그 시간이 다 끝나 있다는 이야기를 종종 한다. 성교육 시간에 어른들이 알려 주고 싶은 내용에는 별 관심이 없다는 이야기다. 그러므로 별도로 시간을 내어 성교육을 하는 것도 필요하지만 늘 학생들과 함께 지내는 교사가 평소에 이런저런 사례를 들어 가며 이야기를 해 주고 염려되는 바가 무엇인지를 설명해 주는 것이 필요하다. 또한 학생들과 터놓고 성에 대해 이야기할 수 있는 분위기를 만들어 주는 것도 학생들의 성 문제를 예방하는 데 도움이 된다. 학생들은 성교육 시간보다는 오히려 평소에 들려주는 교사의 '성 이야기' 에 더 관심을 기울일 것이다.

장난으로 한 일이 상대방에게는 큰 상처가 될 수 있음을 알려 준다

일부 청소년은 성을 소중하게 생각하지 않고 장난스럽게 다루려는 경향이 있다. 그래서 음란물을 보고 친구들에게 이야기하는 것을 즐기며, 여선생님이나 여학생에게 성적인 발언을 하여 곤란하게 만들고 이를 보며 쾌감을 느끼기도 한다. 상대방이 어떤 상처를 입게 되는지에 대해서는 전혀 생각하지 않는다. 물론 여학생이 남선생님이나 남학생에게 성적인 불쾌감을 느끼게 하는 경우도 있다. 그런데 이런 행동을 했는데도 주변 사람들이 그저 별일 아니라는 듯 지나가면 그 학생은 습관적으로 다른 사람에게 성적으로 상처를 입히는 발언이나 행동을 아무렇지 않게 반복하게 된다. 그러므로 장난으로 하는 일이 다른 사람들에게 어떻게 피해를 입힐 수 있는지 여러 모로 생각해 볼 수 있게 지도할 필요가 있다. 아울러 다른 사람에게 피해를 주는 일은 결국 부메랑이 되어 자기 자신에게 되돌아올 수 있다는 점을 깨닫도록 도와준다.

성적 욕구를 적절하게 관리하는 정신력을 키워 준다

성을 대단한 것이라고 생각하면 할수록 그에 집착할 수 있다. 반대로 성을 우습게 생각하면 할수록 함부로 행동할 수 있다. 그러므로 성은 대단한 것도 쉽게 생각할 것도 아니라는 점을 인식시킬 필요가 있다. 즉, 집착할 필요도 없지만 함부로 대해서도 안 되는 것이다. 자신과 타인의 소중한 성을 지키기 위해서는 성적 욕구를 잘 관리할 수 있어야 하는데, 이를 위해서는 강인한 정신력을 기를 필요가 있다. 따라서 정신력을 신장시키는 운동, 취미활동, 명상, 마음살피기 등을 활용하는 것도 좋은 방법이다.

구체적인 전략

인석이는 가정에서 전혀 돌봄을 받지 못하고 성장하고 있다. 인석이의 성적인 문제 행동이 반복해서 일어나는 것에 대해 좀 더 적극적인 대처가 필요하다.

성적인 행동의 근본 원인 찾기

인석이가 보이는 성적인 행동에는 '음란물 보고 이야기하기' '여학생에게 공개적으로 성적인 발언하기' '여선생님을 성적 대상으로 보고 놀리기' 등이 있다. 이 외에도 어떤 행동이 있는지를 확인해 볼 필요가 있다. 그리고 언제부터 이런 행동이 시작되었는지, 그럴 때 마음은 어떤지, 그 결과에 대해서는 어떻게 생각하는지를 알아본다. 인석이의 경우에는 3학년 때 어머니가 가출하신 것이 충격으로 남았을 것이고, 모성에 대한 그리움과 원망이 여성에 대한 성적 공격으로 나타났을 가능성이 있다. 이러한 근본적인 원인을 찾고 그것을 상담을 통해 풀어 나가는 것이 필요하다.

아버지에게 협조 구하기

인석이는 집에서 혼자 보내는 시간이 많기 때문에 음란물을 접할 기회가 많다. 이를 그냥 방치하면 아이들이 그 집에 모여 성적으로 문제가 되는 행동을 할 가능성도 있다. 그러므로 아버지가 바쁘다는 핑계로 학교에 오지 않을 경우 학교 차원에서 좀 더 강하게 아버지와의 면담을 요청할 필요가 있으며, 아버지와 상의하여 인석이를 돌볼 수 있는 방법을 찾아보는 것이 바람직하다. 아무리 학교에서 잘 지도해도 가정의 협조가 없다면 인석이의 문제 행동은 계속될 수 있으며 장차 더 큰 문제로 확대될 수도 있으므로 이를 사전에 예방하는 것이 중요하다. 물론 이때 아이와 아버지의 관계가 긍정적으로 형성되도록 안내하고, 아버지가 일방적으로 인석이를 야단치는 식으로 접근하지 않도록 주의시켜야 한다.

성에 대한 관심을 긍정적인 방식으로 풀어 주기

인석이는 이미 성에 대해 많은 것을 알고 있고 관심도 많다. 그러므로 아이의 관심에 귀 기울여 줄 필요가 있다. 무조건 성적인 발언이나 행동이 잘못되었다고 몰아붙이기보다 인석이가 성에 대해 갖고 있는 관심을 먼저 이해해 주고 자연스럽게 성에 대한 이야기를 나눌 수 있도록 분위기를 만들어 주는 것이 좋다. 그래야 성에 대해 잘못 알고 있는 내용을 바로잡고 성에 대해 올바른 태도를 가지도록 지도하는 것이 가능해진다. 성교육 도서를 함께 읽으면서 이야기를 나누는 것도 도움이 될 것이다(구성애, 『구성애 아줌마의 10대 아우성』, 올리브엠앤비, 2008).

성적인 행동이 상대방에게 어떤 영향을 주는지 설명하기

문제 행동을 보이는 대부분의 청소년은 자신이 한 성적인 행동이 상대방에게 어떤 영향을 주는지에 대해서 별로 생각하지 않는다. 그렇기에 그런 행동을 반복하고도 아무렇지 않은 것이다. 그러나 당하는 상대방은 수치심과 분노로 정신과 치료를 받을 만큼 힘들어질 수 있으므로 사례를 들어 가며 설명해 줄 필요가 있다.

성적인 행동 수정 계획표 만들기

인석이가 보이는 성적인 행동에는 어떤 것이 있는지 목록표를 만들고 이를 수정할 수 있도록 구체적인 실천 계획표를 만들어서 함께 확인하며 행동 수정이 가능하도록 한다.

정신력을 강화하기 위한 전략 세우기

성에 빠져 있는 아이와 함께 그것을 대신할 수 있는 방안을 찾아본다. 이미 음란물에 많이 노출되어 있으므로 그 시간에 대신할 수 있는 일을 찾아보고 전략을 세운다. 전략 내용은 아이가 성적 욕구를 이겨 낼 수 있는 정신력을 강화하는 것으로 채운다. '삶의 목표 정하기' '운동 계획 세우기' '건전한 취미 생활하기' '다른 사람을 배려하는 행동하기' '과제 정하여 실천하기' '독서 계획 세우기(성과 관련된 교재 포함)' 등 다양한 방법을 찾아 함께 실천 여부를 확인한다.

성폭력을 저지른 학생

민성이는 평소 성격이 명랑하고 친구들과 잘 어울리는 아이였다. 부모의 이혼 전까지는 학교생활을 곧잘 하였으나 그 이후 마음의 안정을 잃고 방황하기 시작하였다. 점점 공부에 흥미를 잃게 되었고, 노는 아이들과 어울리면서 각종 사건에 연루되었다. 그날도 친구들이 나오라고 해서 어느 초등학교 운동장에 나갔는데, 거기서 한 초등학교 여학생을 만나게 되었다. 친구들이 이 여학생과 사귀어 보라고 권유하자 아무 생각 없이 어울리다 술에 취해 성관계를 맺게 되었다. 그냥 장난삼아 해 본 일이어서 괜찮을 것이라고 생각했는데 여학생이 경찰에 신고를 했고, 미성년자와의 성관계라 성폭력 사건으로 경찰 조사를 받게 되었다. 담임교사와 학교는 경찰의 연락을 받고 이 사실을 알게 되었다.

○○초등학교 운동장

(아이들이 한 친구에게 전화를 건다.)

"야, 우리 지금 ○○초등학교에 있는데, 너 안 나올래?"

"거기서 뭐 하고 있는데?"

"우리 지금? 잘~ 놀고 있지. 너 좋아하는 술이랑 여자랑 다 있으니까 빨리 나와."

“알았어. 금방 갈게. 너네 나 갈 때까지 남겨 놔야 해, 알았지?”

“그래. 너 기다리는 애도 있으니까 빨리 와.”

○○초등학교 운동장에 나타난 민성이

“나 오늘 기분 안 좋아. 엄마가 또 나간다고 난리 떠는 바람에 한바탕 하고 나오는 길이야. 너희가 부르는데 내가 집에서 눈치 보며 공부하게 생겼냐?”

“잘했어. 우리가 널 위해 끝내 주는 애를 준비했지. 너 우리 덕분에 수지 맞은 줄 알아. 오늘은 완전 영계야, 영계. 히히히.”

“영계?”

"응, 초등학생들인데 지들이 먼저 와서 놀잔다."

"예뻐?"

"네 눈이 높아서 어쩔려나 모르겠다."

"한 번 보자."

"저기 흰 옷 입은 애야."

"재가 초등학생이야?"

"응, 너도 안 믿기지. 근데 초등학생 맞아."

❖ 친구들과 어울려 술에 취한 민성이

"야, 우리 저쪽으로 가자."

(여학생을 운동장 뒤쪽으로 데려간다. 술에 취한 상태로 처음 만난 여학생과 성관계를 갖게 된다. 며칠 후 여학생의 신고로 경찰 조사를 받게 되고, 이 사실이 학교로 통보되었다.)

친구 따라 놀러갔다가 성폭력 사건을 저지른 아이

민성이는 평소 친구들과 어울리는 것을 좋아하였고, 그날도 그저 놀기 위해 나갔다가 불미스러운 일을 겪게 되었다. 친구들을 만나러 나간 장소에서 성폭력 사건을 저질러 경찰 조사를 받게 된 경우다.

교사의 대처

담임교사는 평소 민성이의 행동을 탐탁치 않게 생각하고 꾸중하곤 했는데, 성폭력 사건까지 터지자 심하게 나무라며 야단을 쳤다. 어린 나이에 해서는 안 되는 일을 했다고 지적하고는 이 일이 매우 심각한 것이며, 반드시 그에 대한 책임을 져야 한다는 사실을 인식시키려고 애를 썼다. 그러나 경찰 조사까지 받게 된 민성이가 겁에 질려 있는 것을 보고 야단만 쳐서는 안 될 것 같은데, 어떻게 지도를 해야 할지 난감하였다.

교사의 대처 방법 분석

잘한 점

_ 평소에도 잘못된 행동을 했을 때는 이를 지적해 주고 고쳐 주려고 노력하였다.

_ 벌어진 일에 대한 책임감을 가질 수 있도록 지도하였다.

_ 겁에 질려 있는 학생의 마음을 알아차리고 도와줄 방법을 생각하였다.

개선할 점

- 초기에는 평소 행동에 대한 감정 때문에 아이의 심리적 불안감을 제대로 읽지 못하였다.
- 야단을 치는 것보다는 함께 문제를 해결하는 것이 더 바람직하다.
- 상황을 정확히 파악하고 학생이 이 일로 인해 앞으로 감당해야 할 것들을 잘 감당하도록 도와줄 방법을 찾아야 한다.
- 성에 대한 지식을 알려 주고 올바른 성 가치관을 지도할 필요가 있다.
- 피해학생의 입장을 생각하고 사과할 기회를 주어야 한다.

상담적 접근

일반적으로 할 수 있는 관심과 배려

아이의 마음을 먼저 헤아리고 공감할 필요가 있다

아이들은 '성'에 대해 제대로 알지 못하고 가볍게 생각하며 행동하는 경향이 있다. 그러나 기본적으로 어려서부터 성은 부끄럽거나 가려야 하는 것으로 배워 왔기 때문에 장난삼아 저지른 일이 드러나고 문제가 커졌을 때는 아이의 입장에서 무척 당황스럽고 감당하기 힘들다. 이런 상황에서 담임교사가 아이의 마음을 헤아리는 일보다 아이의 잘못을 책망하는 일을 앞세우면 아이의 불안은 크게 증폭될 수 있고 수치감으로 큰 상처를 입을 수 있다.

따라서 교사 역시 당황스럽겠지만 우선은 아이의 마음을 헤아려 주며 '얼마나 놀랬어?' '많이 당황했겠구나.' '지금 마음이 어때?' 등 따뜻한 말로 아이의 마음을 공감해 줄 필요가 있다. 이렇게 따뜻하게 대해 주는 교사의 태도와 행동은 아이로 하여금 위기 상황에서도 교사에게 마음을 열고 함께 문제를 해결해 갈 준비를 할 수 있게 해 준다.

성에 대해 좀 더 진지한 대화를 나눈다

성 문제는 아이들이 아직 감당하기 어려운 일이기 때문에 자칫 잘못 다루면 아이가 성인이 된 후까지 후유증이 남아 성생활과 결혼생활에 어려움을 겪을 수도 있다. 성을 나쁜 것으로 보거나 죄짓는 일로 인식하여 피하거나 또는 성을 지나치게 탐닉하는 태도가 자리 잡을 수도 있다. 그러므로 장난삼아 했던 일이 성폭력 문제가 되어 사법처리를 받게 된 경우라 할지라도 성을 바르게 사용하지 않은 것이 문제가 된 것이지 성 자체가 나쁜 것은 아니라는 사실, 그리고 이 일에 대한 책임은 지되 그로 인해 성을 금기시하거나 기피할 필요는 없다는 사실을 대화를 통해 분명하게 인식시켜야 한다.

성에 대한 지식을 알려 주는 것이 필요하다

아이들은 자신이 성적으로 한 일이 어떤 결과를 가져올 수 있는지에 대해서 무지한 편이다. 그러면서도 마치 많은 것을 알고 있는 것처럼 행동할 때가 많다. 아이의 마음이 어느 정도 진정된 후에는 앞으로의 건전한 성생활을 위해 성교육을 할 필요가 있다. 우선 사춘기 시절의 성적 호기심은 성장 과정에서 발생하는 자연스러운 일임을 인정하되, 혹 잘못된 성 지식을 가지고 있지는 않은지 확인해 본다. 만일 아이가 잘못된 성 지식을 가지고 있다면 바로잡아 주고, 잘못된 성 지식과 행동이 어떤 결과를 가져올 수 있는지 구체적인 정보와 함께 설명을 제공한다. 더 나아가 성의 소중함을 깨닫고 바람직한 성 가치관을 가질 수 있도록 성에 대해 이해하고 토론할 기회를 갖게 해 준다.

피해자의 입장에서 생각해 보게 한다

아이들은 장난삼아 한 일이 상대방에게는 어떤 결과를 가져올지에 대해서 잘 생각하지 못할 수 있다. 또한 신고했다는 사실 때문에 피해학생에게 화가 나 있을 수도 있다. 피해학생에 대한 아이의 생각과 감정을 함께 이야기하면서 자연스럽게 피해학생의 입장에서도 생각해 보게 한다. 그럼으로써 성을 장난스럽게 대하지 않고 서로의 인격처럼 존중해 주는 가치관을 갖도록 돕는다.

구체적인 전략

어린 나이에 성폭력 사건으로 경찰 조사를 받게 된 민성이의 경우에는 우선 그 마음을 살피고 함께해 주는 과정이 필요하다. 그런 후에 성과 관련하여 지도하는 것이 더 효과적일 수 있다. 구체적인 전략을 세워 보면 다음과 같다.

아이의 속사정 살피기

아이가 어떤 일을 저질렀을 때, 아이의 입장에서 보면 다 속사정이 있다. 따라서 아이의 속사정을 살피는 일이 문제 해결로 가는 첫걸음이다. 민성이는 부모님의 이혼 후 어머니와 생활하면서 아버지를 그리워하던 아이이다. 주변에 아버지 또는 아버지를 대신해 줄 만한 사람이 없었기 때문에, 민성이는 사춘기가 되면서 시작된 성적 호기심을 해소할 자연스러운 기회를 가지지 못했다. 어머니는 늘 일 나가시느라 바쁘셨기 때문에 혼자 있을 때가 많았고, 그러다 보니 친구들과 어울려 술과 담배를 즐기고 여자아이들을 만나며 시간 가는 줄 모르고 지내게 된 것이다.

문제 행동을 하는 아이들의 경우 내용은 다르지만 나름대로 독특한 속사정을 가지고 있다는 점을 염두에 두고, 교사는 이러한 속사정을 살피도록 노력해야 한다.

아이의 편이 되어 주기

어떤 문제가 발생했을 때 교사가 아이의 편에 서지 않으면, 아이는 불안하고 죄책감에 시달려 심리적으로 큰 상처를 입을 수 있다. 더구나 민성이처럼 아버지가 없는 아이라면 더 큰 불안을 느낄 수 있다. 그러므로 교사는 아이의 잘잘못을 가리기 전에 아이의 마음을 헤아리고 아이의 편에서 함께해 줄 것이라는 강한 믿음을 주는 것이 필요하다. 아이들에게 문제가 발생하지 않으면 좋겠지만, 이미 발생한 일이라면 최소한 담임교사만이라도 아이의 편이 되어 문제를 해결해 가는 과정에 동참해야 한다. 교사의 책무는 수사관처럼 아이의 잘못을 판별하는 일이 아니라 아이를 교육하며 살리는 일이라는 점을 잊지 말아야 한다.

아이를 비난하기보다는 아이의 입장 이해하기

아이를 비난하는 것은 금물이다. 어느 학교에서 성폭력 사건으로 구속되었다가 돌아온 아이에게 교장선생님이 하신 첫 말씀은 "나도 그 자리에 있었다면 너처럼 그랬을지도 몰라."였다. 잔뜩 주눅 들어 교장실에 들어선 그 아이는 교장선생님의 이 한마디에 굳었던 얼굴이 풀어지고, 그 뒤로 착실하게 학교생활을 할 수 있었다. 만일 교장선생님이 학교의 명예를 실추시켰다고 아이를 맹렬하게 비난하는 말을 퍼부었다면 아이의 학교생활은 결코 좋아질 수 없었을 것이다.

사법처리 과정에 함께하기

성폭력과 관련하여 경찰 조사를 받고 재판을 받는 과정은 아이에게 무척 힘들고 어려운 과정이다. 물론 어머니가 함께하기는 하겠으나, 교사가 함께해 준다면 아이에게는 큰 힘이 될 것이다. 아이 옆에 있어 주는 것만으로도 도움이 될 수 있으며, 사전에 사법처리 과정을 미리 알고 그에 적절히 대처하도록 아이와 이야기를 나눌 수 있다면 더 좋을 것이다. 혼자 힘으로 벅찰 경우에는 다른 선생님의 도움을 받는 것도 좋다. 혹시라도 아이가 구속 수사를 받게 된다면 면회를 가서 안심시켜 준다거나 서신을 통해 아이와 함께한다는 사실을 인식시켜 줄 필요가 있다.

성에 대한 이야기 나누기

아이가 어느 정도 안정이 되면 성에 대해 이야기를 나누는 것이 필요하다. 우선 청소년기의 성적 특징에 대해 이야기해 주고 성적인 행동이 본인이나 피해 학생에게 가져올 수 있는 결과에 대해서도 구체적으로 이야기를 나눈다. 아이들이 갖고 있는 성 지식은 친구들끼리 흥미 위주로 나눈 경우가 많아 잘못된 것일 가능성이 크다. 그러므로 아이가 갖고 있는 성 지식 중에 잘못된 것은 바로 잡아 줄 필요가 있다. 또한 아이가 갖고 있는 성에 대한 가치관을 확인해 보고, 혹시라도 왜곡된 성 가치관을 갖고 있을 경우에는 많은 대화를 통해 올바른 가치관을 가지도록 도와줄 필요가 있다. 특히 부모의 이혼으로 인해 상처를 받은 아이들은 성에 대해 더 큰 혼란을 겪을 수 있으므로 이러한 점을 감안하여 이야기를 나눌 필요가 있다(김상원, 『성교육/성상담의 이론과 실제』, 교육출판사, 2007).

피해학생에게 사과하는 연습하기

피해학생에게 구체적으로 어떻게 사과할지 함께 이야기를 나눈 후 이를 연습해 본다. 연습 과정에서 상대방에게 더 불쾌감을 줄 것 같은 내용이 있으면 그것을 수정해 가면서 역할을 바꾸어 연습해 본다. 사과하는 연습을 통해 피해학생의 입장을 이해할 수 있는 기회를 갖고, 제대로 사과할 수 있는 방법을 익히게 한다. 사과의 마음을 전달하는 좋은 방법도 함께 탐색해 본다.

현실과 가상세계를 혼동하는 학생

영규는 평소 조용하고 내성적인 성격의 중학교 2학년 남학생이다. 초등학교 때부터 소극적이고 내성적인 성향이 강해서 친구들이 계집아이 같다고 놀리거나 힘없는 아이라고 생각하는 것 같았다. 이러한 사실을 알게 된 영규는 자신의 소극적인 모습을 들키기 싫어 친구들과 어울리는 것을 꺼렸고, 이에 친구들과의 소통은 점점 힘들어지게 되었다. 그 이후로 영규는 집이나 PC방 등에서 혼자 지내며 컴퓨터 게임에 몰입하였다.

영규는 게임을 하면서 게임 캐릭터를 키우고 그 캐릭터가 힘이 세지면 자신이 힘이 세지는 것처럼 뿌듯하게 느꼈다. 처음에는 그리 긴 시간 동안 게임에 몰입하지 않았지만 시간이 지날수록 게임 시간이 늘어만 갔고 밤을 새우는 일도 빈번하게 되었다. 그리고 게임 속 캐릭터들끼리 싸움을 하는 것이 마치 실제처럼 느껴졌고, 영규의 성격 또한 강하고 폭력적으로 변하기 시작했다.

최근 들어서는 학교 수업시간에 집중하지 못하고 잠에 취한 모습을 보였다. 며칠 전에는 게임 속에서 민수가 자신의 캐릭터를 죽이는 사건이 발생했고, 영규는 자신이 공격을 당한 것처럼 착각하게 되어 마침내 현실 속에서 그 친구에게 복수하고 싶어 공격적인 행동을 하게 되었다.

⁂ 아침까지 게임을 했어요

"영규야, 13쪽 읽어 보겠니?"

"……." (졸고 있다.)

"영규야, 수업시간에 졸고 있으면 어떻게 하니?"

"죄송합니다."

"혹시 어디가 아프니?"

"영규는 매일 새벽까지 게임하다 와서 그래요."

네가 내 게임 캐릭터를 죽였잖아!

"야, 이 나쁜 자식아! 너 어떻게 나한테 그럴 수 있어?"

"미안해, 나도 그렇게 될 줄 몰랐어."

"미안하다면 다야? 내가 그걸 얼마나 정성 들여 키웠는데, 너도 내 캐릭터처럼 똑같이 만들어 주겠어."

"미안하다고 했잖아! 나도 일부러 그런 게 아니라고……!"

"무슨 일인데 그러니?"

"영규가 저를 죽이겠대요."

"네가 먼저 내 게임 캐릭터를 죽였잖아!"

컴퓨터 게임의 가상 세계와 현실을 구분하지 못하는 아이

하루 중 대부분의 시간을 게임을 하며 보내고, 장시간 지속된 게임으로 인하여 학교 생활에 집중을 할 수 없어 힘들어 한다. 게임 속에서 일어난 일을 현실과 연관 지어 게임 속의 싸움이 현실로 이어진 경우다.

교사의 대처

영규의 담임교사는 영규와 민수의 싸움을 말리고 영규를 따로 불러 상황에 대한 이야기를 듣게 되었다. 컴퓨터 게임을 하느라 낮과 밤이 뒤바뀐 영규의 생활과 게임 속의 캐릭터와 자신을 동일시하고 친구에게 협박하는 상황에 대해 알게 된 것이다. 담임교사는 영규의 화나고 속상한 마음을 충분히 공감해 준 후, 어떠한 일이 있어도 폭력은 잘못된 행동이라는 것을 강조하였다. 그리고 영규에게 게임 캐릭터는 가상의 캐릭터로 죽었다 해도 다시 살릴 수 있지만 현실의 친구는 한번 잃어버리면 다시 찾을 수 없다는 것을 이야기해 주었다. 또 언제부터 게임에 빠져 들게 되었는지를 물어본 후 게임중독이 의심되어 다음날 인터넷 게임중독 측정검사를 실시하였다. 검사 결과, 영규는 고위험 사용자군에 속하였다. 영규의 부모님께 이 사실을 알리고 게임 중독의 심각성을 강조하며 영규와 컴퓨터 사용 시간을 정하여 지킬 수 있도록 보살펴 달라는 요청을 하였다.

교사의 대처 방법 분석

잘한 점

_ 폭력이 잘못된 것이라는 것을 강조하기 전에 화나고 속상한 아이의 마음을 충분히 공감해 주었다.

_ 언제부터 게임에 몰입했는지 물어보고 접근하였다.

_ 아이에게 폭력의 위험성을 강조하며 가상의 게임 캐릭터보다 현실 속의 친구가 중요함을 이야기하였다.

_ 인터넷 게임 중독 측정검사를 실시하여 게임 중독 여부를 파악하였다.

_ 부모님께 게임 중독의 심각성을 알리고 컴퓨터 사용 시간을 지키도록 안내하였다.

개선할 점

_ 영규의 이야기만이 아니라 민수의 이야기도 충분히 들어준다.

_ 상황에 대한 설명이나 훈계보다는 화가 난 영규의 마음을 읽어 주는 것이 필요하다.

_ 부모님으로부터 게임에 몰입할 즈음의 주변 환경이나 상황에 대해 알아본다.

_ 학생들을 대상으로 한 게임 중독 예방교육이 필요하다.

_ 부모님이 직접 영규를 지도할 수 있도록 올바른 컴퓨터 사용법을 알려 준다.

_ 부모님에게 무절제한 인터넷 사용을 제한할 수 있는 물리적 환경 구성에 대해 소개한다.

_ 아이가 혼자 있지 않도록 부모님이 아이와 함께하는 시간을 자주 갖도록 한다.

_ 영규의 가정환경과 또래 환경을 알아본다.

상담적 접근

일반적으로 할 수 있는 관심과 배려

아이가 게임을 열심히 하는 행동은 그 자체가 나쁜 것은 아니다. 다만, 그것이 다른 생활에 지장을 준다든지, 사회적 관계에 문제를 가져온다든지, 또는 가상현실과 참 현실을 혼동할 정도로 중독이 되었다면 문제가 된다. 일반적으로 게임중독이라고 판단되는 학생들에게는 다음과 같은 접근을 하면 좋다.

- 게임중독에 빠진 원인을 찾아본다. 아이의 욕구 충족이 제대로 이루어지지 않아서 그랬는지, 그 시기에 아이 주변에서 어떤 일이 있었는지 등 아이의 발달력과 가족력에 대해서 충분히 들어준 후 접근한다.
- 컴퓨터 게임 이외에 아이들이 좋아할 만한 놀이를 소개한다. 교사 또는 친구들과 함께 체험해 보는 시간을 갖도록 한다. 예를 들어, 재량활동, 특별활동, 체육시간에 축구, 피구 등 신체 운동을 할 수 있도록 돕는다.
- 학교생활에 잘 참여하고 친구들과 긍정적인 관계를 형성하였을 때, 또는 수업시간에 적극적인 모습을 보였을 때 보상(칭찬하기, 상장 주기, 청소 면제)을 하여 학교생활에 흥미를 가지고 적극적으로 참여할 수 있도록 한다.
- 아이가 컴퓨터 게임을 하다가 약속(학원 가기, 공부 시간 지키기, 숙제하기 등)을 지키지 않을 경우 대가를 치르도록 사전 규칙을 정하고 꾸준히 지키도

록 지도한다.

- 상담을 통하여 지나친 컴퓨터 게임의 폐해(영상물 보기, 일상생활의 방해, 신체적 건강 약화, 거짓말, 부모님과의 갈등)를 인식시킨다.
- 바람직한 물리적 환경을 조성해 준다. 예를 들어, 컴퓨터를 거실에 두기, 문 열어 놓고 사용하기, 인터넷 사용 시간 조절 프로그램 설치하기, 컴퓨터를 안방에 설치하기 등이 가능하다.
- 가족 구성원 중에 인터넷 중독 가능성이 있는 경우 함께 치료할 수 있도록 관련 기관을 소개한다.

구체적인 전략

- 학생으로 하여금 자신이 몰입해 있는 게임에 대해 충분히 설명할 기회를 주도록 한다. 이렇게 하면서 점차 상담 과정으로 학생을 끌어들인다.
- 게임에 빠지게 되는 다양한 원인과 경로를 파악하여 분석해 본다.
  - 가정환경의 변화(이사로 인한 전학, 부모의 이혼, 사별, 가족 해체 등)
  - 학교환경의 문제 또는 변화(진학, 학년 진급, 또는 교우관계, 왕따, 교사와의 갈등 등)
  - 대인 관계의 어려움이나 낮은 자존감을 보상받기 위한 방편(위축, 고립, 따돌림 등)

- 하루 일과를 점검하게 하여 자신의 컴퓨터 사용 시간이 과다하다는 것을 인식시킨다.
- 컴퓨터 사용 일지를 작성하여 컴퓨터 사용 시간을 점차 줄여 나가게 한다.
  - 대부분의 청소년은 일지를 쓰기 시작하면 행동에 변화가 나타나기 시작한다. 일지를 쓰게 하면 생각하기 시작하고, 생각을 하게 되면 새로운 변화가 일어나게 된다.
  - 부수적으로 글 솜씨 또한 늘게 되어 일석이조의 효과를 얻을 수 있다.
- 약속한 시간에 타이머를 맞춰 놓고 컴퓨터 게임을 시작하게 한다. 게임 끝내기 20분 전에 알람이 울리도록 맞춰 놓은 후 게임을 종료할 여유 시간을 갖는다.
- 컴퓨터 게임 외에 다른 재미있는 것을 생각해 보게 한다.

사이버 폭력을 일삼는 학생

은영이는 중학교 2학년 여학생이다. 매사에 부정적인 성향이 강하며 예민한 성격을 가지고 있다. 1학년 때부터 주위의 친구들과 잦은 다툼이 있었으며, 함께 어울리는 친구들도 불편하게 생각할 때가 많다. 최근에는 같은 반 수진이가 잘난 척을 한다는 이유로 인터넷으로 ID를 바꾸어 가며 악성 댓글과 욕설 문자를 보내어 괴롭히는 행동을 하였다.

잘난 척하기

"나 어제 팬시점 가서 머리핀 샀다. 어때? 나한테 어울려?"

"예쁘다. 잘 어울리는 것 같아. 어디에서 샀어?"

"예쁘긴 뭐가 예쁘니? 너는 얼굴이 커서 그런 거 하면 더 커 보여. 너랑 안 어울려!"

"야, 너는 내 앞에서 말을 꼭 그렇게 해야겠니?"

"내가 뭘? 네가 먼저 안 어울리는 머리핀 가지고 잘난 척했잖아!"

악성 댓글과 욕설 문자

"선생님, 저 은영이 때문에 너무 힘들어요."

"무슨 일인데 그러니?"

"은영이가 제 미니홈피에 악플을 남기고 밤마다 번호 없이 욕설 문자를 보내요."

"그런 행동이 은영이라는 것은 어떻게 아니?"

"친구한테 부탁해서 IP 추적을 해 봤는데 은영이였어요."

"은영아, 너 수진이에게 악플이나 욕설 문자를 보낸 적 있니?"

"아니요. 제가 왜 그런 짓을 해요? 저라는 증거 있어요?"

"수진이가 IP 추적을 해 보았는데 너라고 밝혀졌어."

"……매일 수진이가 별것도 아닌 것 가지고 잘난 척하잖아요. 애들 앞에서 말하면 다른 애들은 저한테만 뭐라고 하고, 그래서 몰래 놀려 준 것뿐이에요."

다른 친구의 모습이나 행동에 대한 부러운 마음을 시기와 질투로 표현하는 아이

평소 마음에 들지 않거나 사이가 좋지 않은 친구에게 인터넷의 익명성을 이용하여 악성 댓글이나 폭탄 메일, 욕설 문자 등을 보내는 경우다.

교사의 대처

평소 은영이는 부정적인 언어를 사용하고, 그로 인해 1학년 때부터 친구들과의 잦은 다툼이 있어 왔다. 하지만 2학년이 되면서 특별한 모습을 보이지 않아 친구들과 잘 지내는 것으로 생각하고 있었다.

이번 일을 계기로 은영에게 신체적 폭력뿐만 아니라 언어폭력과 정신적 폭력도 위험한 일이며 처벌이 될 수 있다는 것을 강조하였다. 이후 은영이가 긍정적인 언어를 사용하였을 때에는 칭찬과 격려를 하였고, 모둠별 수업을 진행할 때에 은영이를 리더로 세워 책임감을 가지고 다른 친구들의 의견을 수렴하고 활동을 할 수 있도록 지도하였다.

교사의 대처 방법 분석

잘한 점

- 신체적 폭력, 언어폭력, 정신적 폭력의 종류와 위험성에 대해 알려 주었다.
- 긍정적인 언어를 사용할 때 칭찬과 격려를 해 주었다.
- 모둠의 리더 경험을 통해 친구들의 의견을 수렴할 수 있는 기회를 제공하였다.

개선할 점

_ 친구와 긍정적인 관계를 유지할 수 있는 구체적인 전략이 필요하다.
_ 가정과 연계하여 아동의 언어 행동을 지도할 수 있는 방법을 찾는다.
_ 올바른 대인 관계 기술에 대한 교육을 실시한다.
_ 인터넷 예절에 대한 체계적인 교육을 실시한다.
_ 욕설과 비난을 많이 사용하는 학생의 심리 상태를 분석하고, 필요한 경우 부모상담을 실시한다.

상담적 접근

일반적으로 할 수 있는 관심과 배려

은영이의 친구관계를 파악한다. 친한 친구와 싫어하는 친구를 알아보고 친구들과의 상호 관계와 역동에 대해 알아본다.

대인 관계 기술과 긍정적인 대화법을 가르쳐 주고 지속적으로 훈련하도록 한다. 이때 교사가 상대 역할이 되어 도와준다.

- 가벼운 인사말 나누기
- 친구의 입장에서 생각하기

• 친구에 대한 부러움을 시기와 질투의 언어가 아닌 긍정적 언어로 표현하기
• 친구의 장점을 찾아 칭찬하고 격려하는 말로 표현하기

가정과 학교에서 아이에게 충분한 애정과 관심을 표현해 준다.

• 교사는 아이가 인격적으로 존중받는다는 느낌을 갖도록 진정성을 가지고 아이를 대한다. 그리고 학부모의 협력을 구해 학부모도 같은 태도로 아이를 대하도록 돕는다.
• 잘못된 행동에 대해 아이를 비난하는 대신, 아이가 하는 행동의 결과와 의미를 아이 스스로 성찰하게 함으로써 자신의 잘못을 깨닫도록 한다.
• 아이가 조금이라도 개선되면 아낌없이 격려해 준다.

구체적인 전략

역할극을 하면서 바람직한 행동을 하게 한다

• 은영이에게 친구 역할을 하게 해서 친구의 마음을 이해하게 한다.

친구(은영): 나 어제 팬시점 가서 머리핀 샀다. 어때? 예쁘지?

은영(선생님): 예쁘긴 뭐가 예쁘니? 너는 얼굴이 커서 그런거 하면 더 커 보여. 너랑 안 어울려!

친구(은영): 야, 너는 내 앞에서 말을 꼭 그렇게 해야겠니?

은영(선생님): 내가 뭘? 네가 먼저 안 어울리는 머리핀 가지고 잘난 척했잖아!

- 역할극을 하고 난 후 이야기를 나누어 본다.
  - 친구는 어떤 마음이 들까?
  - 친구와의 좋은 관계를 갖기 위해서는 어떻게 해야 할까?
- 은영이에게 자신의 긍정적인 역할을 하는 역할극을 다시 해 보게 한 후 느낌을 이야기하게 한다.

친구(선생님): 나 어제 팬시점 가서 머리핀 샀다. 어때? 나한테 어울려? 예쁘지?

은영(은영): 어, 정말 예쁘다. 너한테 참 잘 어울리는 것 같아!

친구(선생님): 고마워. 역시 너는 보는 눈이 있구나!

장점 찾기와 롤링페이퍼 작성을 통해 자존감을 향상시킨다

- 장점 찾기를 통해 자신이 장점이 많은 괜찮은 사람이라는 인식을 하게 한다.
- 롤링페이퍼 작성하기
  - 은영이와 급우들이 함께 서로를 칭찬하는 문구나 장점을 써 주는 활동인 롤링페이퍼 만들기를 한다.
  - 롤링페이퍼 작성 시 친구들에 대한 욕설이나 비방은 절대 하면 안 된다

는 규칙을 정한다.

- 학생들에게 종이를 한 장씩 나눠 주며, 그 종이에 자신의 이름이나 친구들이 다 알 수 있는 별칭을 쓰고 테두리를 자유롭게 꾸미게 한다.
- 한 방향(예, 오른쪽)으로 순서를 정하고, 메시지를 다 적은 종이는 다시 정해진 방향으로 다른 급우에게 전달하여 모든 급우가 참여할 수 있도록 한다.
- 각자의 자리에 종이가 오면 그 종이에 적힌 이름의 친구에 대한 긍정적 피드백이나 장점을 적어 준다.
- 롤링페이퍼가 일정한 방향으로 한 바퀴를 다 돌아, 자기 이름이 적힌 종이가 자신에게 오면 롤링페이퍼 쓰기활동이 끝난다.
- 학생들이 자신의 롤링페이퍼를 읽고 난 후 긍정적인 피드백을 받은 느낌을 경험하도록 하며, 친구들에 대한 감사의 마음을 느끼고 자존감을 향상시키도록 한다.

사이버 명예훼손 관련 법규

「정보통신망 이용촉진 및 정보보호 등에 관한 법률」

제70조(벌칙)

① 사람을 비방할 목적으로 정보통신망을 통하여 공연히 사실을 적시하여 타인의 명예를 훼손한 자는 3년 이하의 징역이나 금고 또는 2천만 원 이하의 벌금에 처한다.

② 사람을 비방할 목적으로 정보통신망을 통하여 공연히 허위 사실을 적시하여 타인의 명예를 훼손한 자는 7년 이하의 징역, 10년 이하의 자격정지 또는 5천만 원 이하의 벌금에 처한다.

③ 제1항 및 제2항의 죄는 피해자의 명시한 의사에 반하여 공소를 제기할 수 없다.

*경찰청 사이버테러대응센터

- 대표전화 1566-0112
- 학교폭력 사이버상담 1588-9128

*교육지원청 내 Wee 센터 1588-7179

{부 록}

학교폭력예방 및 대책에 관한 법률

학교폭력예방 및 대책에 관한 법률 시행령

학교폭력예방 및 대책에 관한 법률

[시행 2012. 5. 1.] [법률 제1388호, 2012. 3. 21., 일부 개정]

제1조(목적) 이 법은 학교폭력의 예방과 대책에 필요한 사항을 규정함으로써 피해학생의 보호, 가해학생의 선도 · 교육 및 피해학생과 가해학생 간의 분쟁조정을 통하여 학생의 인권을 보호하고 학생을 건전한 사회구성원으로 육성함을 목적으로 한다.

제2조(정의) 이 법에서 사용하는 용어의 정의는 다음 각 호와 같다.

1. '학교폭력' 이란 학교 내외에서 학생을 대상으로 발생한 상해, 폭행, 감금, 협박, 약취 · 유인, 명예훼손 · 모욕, 공갈, 강요 · 강제적인 심부름 및 성폭력, 따돌림, 사이버 따돌림, 정보통신망을 이용한 음란 · 폭력 정보 등에 의하여 신체 · 정신 또는 재산상의 피해를 수반하는 행위를 말한다.

1의2. '따돌림' 이란 학교 내외에서 2명 이상의 학생들이 특정인이나 특정집단의 학생들을 대상으로 지속적이거나 반복적으로 신체적 또는 심리적 공격을 가하여 상대방이 고통을 느끼도록 하는 일체의 행위를 말한다.

1의3. '사이버 따돌림' 이란 인터넷, 휴대전화 등 정보통신기기를 이용하여 학생들이 특정 학생들을 대상으로 지속적, 반복적으로 심리적 공격을 가하거나, 특정 학생과 관련된 개인정보 또는 허위사실을 유포하여 상대방이 고통을 느끼도록 하는 일체의 행위를 말한다.

2. '학교' 란 「초 · 중등교육법」 제2조에 따른 초등학교 · 중학교 · 고등학교 · 특수학교 및 각종 학교와 같은 법 제61조에 따라 운영하는 학교를 말한다.
3. '가해학생' 이란 가해자 중에서 학교폭력을 행사하거나 그 행위에 가담한 학생을 말한다.
4. '피해학생' 이란 학교폭력으로 인하여 피해를 입은 학생을 말한다.
5. '장애학생' 이란 신체적 · 정신적 · 지적 장애 등으로 「장애인 등에 대한 특수교육법」 제15조에서 규정하는 특수교육을 필요로 하는 학생을 말한다.

제3조(해석 · 적용의 주의의무) 이 법을 해석 · 적용함에 있어서 국민의 권리가 부당하게 침해되지 아니하도록 주의하여야 한다.

제4조(국가 및 지방자치단체의 책무) ① 국가 및 지방자치단체는 학교폭력을 예방하고 근절하기 위하여 조사 · 연구 · 교육 · 계도 등 필요한 법적 · 제도적 장치를 마련하여야 한다.

② 국가 및 지방자치단체는 청소년 관련 단체 등 민간의 자율적인 학교폭력 예방활동과 피해학생의 보호 및 가해학생의 선도 · 교육 활동을 장려하여야 한다.

③ 국가 및 지방자치단체는 제2항에 따른 청소년 관련 단체 등 민간이 건의한

사항에 대하여는 관련 시책에 반영하도록 노력하여야 한다.

④ 국가 및 지방자치단체는 제1항부터 제3항까지의 규정에 따른 책무를 다하기 위하여 필요한 행정적 · 재정적 지원을 하여야 한다.

제5조(다른 법률과의 관계) ① 학교폭력의 규제, 피해학생의 보호 및 가해학생에 대한 조치에 있어서 다른 법률에 특별한 규정이 있는 경우를 제외하고는 이 법을 적용한다.

② 제2조 제1호 중 성폭력은 다른 법률에 규정이 있는 경우에는 이 법을 적용하지 아니한다.

제6조(기본계획의 수립 등) ① 교육과학기술부장관은 이 법의 목적을 효율적으로 달성하기 위하여 학교폭력의 예방 및 대책에 관한 정책 목표 · 방향을 설정하고, 이에 따른 학교폭력의 예방 및 대책에 관한 기본계획(이하 '기본계획'이라 한다)을 제7조에 따른 학교폭력대책위원회의 심의를 거쳐 수립 · 시행하여야 한다.

② 기본계획은 다음 각 호의 사항을 포함하여 5년마다 수립하여야 한다. 이 경우 교육과학기술부장관은 관계 중앙행정기관 등의 의견을 수렴하여야 한다.

1. 학교폭력의 근절을 위한 조사 · 연구 · 교육 및 계도
2. 피해학생에 대한 치료 · 재활 등의 지원
3. 학교폭력 관련 행정기관 및 교육기관 상호 간의 협조 · 지원

4. 제14조 제1항에 따른 전문상담교사의 배치 및 이에 대한 행정적 · 재정적 지원
5. 학교폭력의 예방과 피해학생 및 가해학생의 치료 · 교육을 수행하는 청소년 관련 단체(이하 '전문단체' 라 한다) 또는 전문가에 대한 행정적 · 재정적 지원
6. 그 밖에 학교폭력의 예방 및 대책을 위하여 필요한 사항

③ 교육과학기술부장관은 대통령령으로 정하는 바에 따라 특별시 · 광역시 · 특별자치시 · 도 및 특별자치도(이하 '시 · 도' 라 한다) 교육청의 학교폭력 예방 및 대책과 그에 대한 성과를 평가하고, 이를 공표하여야 한다.

제7조(학교폭력대책위원회의 설치 · 기능) 학교폭력의 예방 및 대책에 관한 다음 각 호의 사항을 심의하기 위하여 국무총리 소속으로 학교폭력대책위원회(이하 '대책위원회' 라 한다)를 둔다.

1. 학교폭력의 예방 및 대책에 관한 기본계획의 수립 및 시행에 대한 평가
2. 학교폭력과 관련하여 관계 중앙행정기관 및 지방자치단체의 장이 요청하는 사항
3. 학교폭력과 관련하여 교육청, 제9조에 따른 학교폭력대책지역위원회, 제10조의2에 따른 학교폭력대책지역협의회, 제12조에 따른 학교폭력대책자치위원회, 전문단체 및 전문가가 요청하는 사항

제8조(대책위원회의 구성) ① 대책위원회는 위원장 2명을 포함하여 20명 이내의 위원으로 구성한다.

② 위원장은 국무총리와 학교폭력 대책에 관한 전문지식과 경험이 풍부한 전문가 중에서 대통령이 위촉하는 사람이 공동으로 되고, 위원장 모두가 부득이한 사유로 직무를 수행할 수 없을 때에는 국무총리가 지명한 위원이 그 직무를 대행한다.

③ 위원은 다음 각 호의 사람 중에서 대통령령으로 위촉하는 사람으로 한다. 다만, 제1호의 경우에는 당연직 위원으로 한다.

1. 기획재정부장관, 교육과학기술부장관, 법무부장관, 행정안전부장관, 문화체육관광부장관, 보건복지부장관, 여성가족부장관, 방송통신위원회 위원장, 경찰청장
2. 학교폭력 대책에 관한 전문지식과 경험이 풍부한 전문가 중에서 제1호의 위원이 각각 1명씩 추천하는 사람
3. 관계 중앙행정기관에 소속된 3급 공무원 또는 고위공무원단에 속하는 공무원으로서 청소년 또는 의료 관련 업무를 담당하는 사람
4. 대학이나 공인된 연구기관에서 조교수 이상 또는 이에 상당한 직에 있거나 있었던 사람으로서 학교폭력 문제 및 이에 따른 상담 또는 심리에 관하여 전문지식이 있는 사람
5. 판사 · 검사 · 변호사
6. 전문단체에서 청소년보호활동을 5년 이상 전문적으로 담당한 사람

7. 의사의 자격이 있는 사람

8. 학교운영위원회 활동 및 청소년보호활동 경험이 풍부한 학부모

④ 위원장을 포함한 위원의 임기는 2년으로 하되, 1차에 한하여 연임할 수 있다.

⑤ 위원회의 효율적 운영 및 지원을 위하여 간사 1명을 두되, 간사는 교육과학기술부장관이 된다.

⑥ 위원회에 상정할 안건을 미리 검토하는 등 안건 심의를 지원하고, 위원회가 위임한 안건을 심의하기 위하여 대책위원회에 학교폭력대책실무위원회(이하 '실무위원회' 라 한다)를 둔다.

⑦ 그 밖에 대책위원회의 운영과 실무위원회의 구성 · 운영에 필요한 사항은 대통령령으로 정한다.

제9조(학교폭력대책지역위원회의 설치) ① 지역의 학교폭력 문제를 해결하기 위하여 시 · 도에 학교폭력대책지역위원회(이하 '지역위원회' 라 한다)를 둔다.

② 특별시장 · 광역시장 · 특별자치시장 · 도지사 및 특별자치도지사는 지역위원회의 운영 및 활동에 관하여 시 · 도의 교육감(이하 '교육감' 이라 한다)과 협의하여야 하며, 그 효율적인 운영을 위하여 실무위원회를 둘 수 있다.

③ 지역위원회는 위원장 1인을 포함한 11인 이내의 위원으로 구성한다.

④ 지역위원회 및 제2항에 따른 실무위원회의 구성 · 운영에 필요한 사항은 대통령령으로 정한다.

제10조(학교폭력대책지역위원회의 기능 등) ① 지역위원회는 기본계획에 따라 지역의 학교폭력 예방대책을 매년 수립한다.

② 지역위원회는 해당 지역에서 발생한 학교폭력에 대하여 교육감 및 지방경찰청장에게 관련 자료를 요청할 수 있다.

③ 교육감은 지역위원회의 의견을 들어 제16조 제1항 제1호부터 제3호까지나 제17조 제1항 제5호에 따른 상담 · 치료 및 교육을 담당할 상담 · 치료 · 교육 기관을 지정하여야 한다. 〈개정 2012. 1. 26.〉

④ 교육감은 제3항에 따른 상담 · 치료 · 교육 기관을 지정한 때에는 해당 기관의 명칭, 소재지, 업무를 인터넷 홈페이지에 게시하고, 그 밖에 다양한 방법으로 학부모에게 알릴 수 있도록 노력하여야 한다.

제10조의2(학교폭력대책지역협의회의 설치 · 운영) ① 학교폭력예방 대책을 수립하고 기관별 추진계획 및 상호 협력 · 지원 방안 등을 협의하기 위하여 시 · 군 · 구에 학교폭력대책지역협의회(이하 '지역협의회' 라 한다)를 둔다.

② 지역협의회는 위원장 1명을 포함한 20명 내외의 위원으로 구성한다.

③ 그 밖에 지역협의회의 구성 · 운영에 필요한 사항은 대통령령으로 정한다.

제11조(교육감의 임무) ① 교육감은 시 · 도 교육청에 학교폭력의 예방과 대책을 담당하는 전담부서를 설치 · 운영하여야 한다.

② 교육감은 관할 구역 안에서 학교폭력이 발생한 때에는 해당 학교의 장 및

관련 학교의 장에게 그 경과 및 결과의 보고를 요구할 수 있다.

③ 교육감은 관할 구역 안의 학교폭력이 관할 구역 외의 학교폭력과 관련이 있는 때에는 그 관할 교육감과 협의하여 적절한 조치를 취하여야 한다.

④ 교육감은 학교의 장으로 하여금 학교폭력의 예방 및 대책에 관한 실시계획을 수립 · 시행하도록 하여야 한다.

⑤ 교육감은 제12조에 따른 자치위원회가 처리한 학교의 학교폭력 빈도를 학교의 장에 대한 업무수행 평가에 부정적 자료로 사용하여서는 아니 된다.

⑥ 교육감은 제17조 제1항 제8호에 따른 전학의 경우 그 실현을 위하여 필요한 조치를 취하여야 하며, 제17조 제1항 제9호에 따른 퇴학처분의 경우 해당 학생의 건전한 성장을 위하여 다른 학교 재입학 등의 적절한 대책을 강구하여야 한다.

⑦ 교육감은 대책위원회 및 지역위원회에 관할 구역 안의 학교폭력의 실태 및 대책에 관한 사항을 보고하고 공표하여야 한다. 관할 구역 밖의 학교폭력 관련 사항 중 관할 구역 안의 학교와 관련된 경우에도 또한 같다.

⑧ 교육감은 학교폭력의 실태를 파악하고 학교폭력에 대한 효율적인 예방대책을 수립하기 위하여 학교폭력 실태조사를 연 2회 이상 실시하여야 한다.

⑨ 교육감은 학교폭력 등에 관한 조사, 상담, 치유 프로그램 운영 등을 위한 전문기관을 설치 · 운영할 수 있다.

⑩ 교육감은 관할 구역에서 학교폭력이 발생한 때에 해당 학교의 장 또는 소속 교원이 그 경과 및 결과를 보고함에 있어 축소 및 은폐를 시도한 경우에는

「교육공무원법」 제50조 및 「사립학교법」 제62조에 따른 징계위원회에 징계 의결을 요구하여야 한다.

⑪ 교육감은 관할 구역에서 학교폭력의 예방 및 대책 마련에 기여한 바가 큰 학교 또는 소속 교원에게 상훈을 수여하거나 소속 교원의 근무성적 평정에 가산점을 부여할 수 있다.

⑫ 제1항에 따라 설치되는 전담부서의 구성과 제8항에 따라 실시하는 학교폭력 실태조사 및 제9항에 따른 전문기관의 설치에 필요한 사항은 대통령령으로 정한다.

제11조의2(학교폭력 조사 · 상담 등) ① 교육감은 학교폭력 예방과 사후조치 등을 위하여 다음 각 호의 조사 · 상담 등을 수행할 수 있다.

1. 학교폭력 피해학생 상담 및 가해학생 조사
2. 필요한 경우 가해학생 학부모 조사
3. 학교폭력 예방 및 대책에 관한 계획의 이행 지도
4. 관할 구역 학교폭력서클 단속
5. 학교폭력 예방을 위하여 민간 기관 및 업소 출입 · 감독
6. 그 밖에 학교폭력 등과 관련하여 필요로 하는 사항

② 교육감은 제1항의 조사 · 상담 등의 업무를 대통령령으로 정하는 기관 또는 단체에 위탁할 수 있다.

③ 교육감 및 제2항에 따른 위탁기관 또는 단체의 장은 제1항에 따른 조사 · 상

담 등의 업무를 수행함에 있어 필요한 경우 관계 기관의 장에게 협조를 요청할 수 있다.

④ 제1항에 따라 조사 · 상담 등을 하는 관계 기관의 직원은 그 권한을 표시하는 증표를 소지하고 관계인에게 제시하여야 한다.

⑤ 제1항 제1호 및 제4호의 조사 결과는 학교의 장 및 보호자에게 통보하여야 한다.

제11조의3(관계 기관과의 협조 등) ① 교육과학기술부장관, 교육감, 지역교육장, 학교의 장은 학교폭력과 관련한 개인정보 등을 경찰청장, 지방경찰청장, 관할 경찰서장 및 관계 기관의 장에게 요청할 수 있다.

② 제1항의 규정에 의하여 정보제공을 요청받은 경찰청장, 지방경찰청장, 관할 경찰서장 및 관계 기관의 장은 특별한 사정이 없으면 이에 응하여야 한다.

③ 제1항 및 제2항에 따른 관계 기관과의 협조 사항 및 절차 등에 필요한 사항은 대통령령으로 정한다.

제12조(학교폭력대책자치위원회의 설치 · 기능) ① 학교폭력의 예방 및 대책에 관련된 사항을 심의하기 위하여 학교에 학교폭력대책자치위원회(이하 '자치위원회' 라 한다)를 둔다. 다만, 자치위원회 구성에 있어 대통령령으로 정하는 사유가 있는 경우에는 교육감의 보고를 거쳐 둘 이상의 학교가 공동으로 자치위원회를 구성할 수 있다.

② 자치위원회는 학교폭력의 예방 및 대책 등을 위하여 다음 각 호의 사항을 심의한다.

1. 학교폭력의 예방 및 대책수립을 위한 학교 체제 구축
2. 피해학생의 보호
3. 가해학생에 대한 선도 및 징계
4. 피해학생과 가해학생 간의 분쟁조정
5. 그 밖에 대통령령으로 정하는 사항

③ 자치위원회는 해당 지역에서 발생한 학교폭력에 대하여 학교의 장 및 관할 경찰서장에게 관련 자료를 요청할 수 있다.

④ 자치위원회의 설치 · 운영 등에 필요한 사항은 지역 및 학교의 규모 등을 고려하여 대통령령으로 정한다.

제13조(자치위원회의 구성 · 운영) ① 자치위원회는 위원장 1인을 포함하여 5인 이상 10인 이하의 위원으로 구성하되, 대통령령으로 정하는 바에 따라 전체 위원의 과반수를 학부모 전체회의에서 직접 선출된 학부모 대표로 위촉하여야 한다. 다만, 학부모 전체회의에서 학부모 대표를 선출하기 곤란한 사유가 있는 경우에는 학급별 대표로 구성된 학부모 대표회의에서 선출된 학부모 대표로 위촉할 수 있다.

② 자치위원회는 분기별 1회 이상 회의를 개최하고, 자치위원회의 위원장은 다음 각 호의 어느 하나에 해당하는 경우에 회의를 소집하여야 한다.

1. 자치위원회 재적위원 4분의 1 이상이 요청하는 경우

2. 학교의 장이 요청하는 경우

3. 피해학생 또는 그 보호자가 요청하는 경우

4. 학교폭력이 발생한 사실을 신고받거나 보고받은 경우

5. 가해학생이 협박 또는 보복한 사실을 신고받거나 보고받은 경우

6. 그 밖에 위원장이 필요하다고 인정하는 경우

③ 자치위원회는 회의의 일시, 장소, 출석 위원, 토의 내용 및 의결 사항 등이 기록된 회의록을 작성 · 보존하여야 한다.

④ 그 밖에 자치위원회의 구성 · 운영에 필요한 사항은 대통령령으로 정한다.

제14조(전문상담교사 배치 및 전담기구 구성) ① 학교의 장은 학교에 대통령령으로 정하는 바에 따라 상담실을 설치하고, 「초 · 중등교육법」 제19조의2에 따라 전문상담교사를 둔다.

② 전문상담교사는 학교의 장 및 자치위원회의 요구가 있는 때에는 학교폭력에 관련된 피해학생 및 가해학생과의 상담 결과를 보고하여야 한다.

③ 학교의 장은 교감, 전문상담교사, 보건교사 및 책임교사(학교폭력문제를 담당하는 교사를 말한다) 등으로 학교폭력문제를 담당하는 전담기구(이하 '전담기구' 라 한다)를 구성하며, 학교폭력 사태를 인지한 경우 지체 없이 전담기구 또는 소속 교원으로 하여금 가해 및 피해 사실 여부를 확인하도록 한다.

④ 전담기구는 학교폭력에 대한 실태조사(이하 '실태조사' 라 한다)와 학교폭력 예방 프로그램을 구성 · 실시하며, 학교의 장 및 자치위원회의 요구가 있는 때에는 학교폭력에 관련된 실태조사 결과 등 활동 결과를 보고하여야 한다.

⑤ 피해학생 또는 피해학생의 보호자는 피해사실 확인을 위하여 전담기구에 실태조사를 요구할 수 있다.

⑥ 국가 및 지방자치단체는 실태조사에 관한 예산을 지원하고, 관계 행정기관은 실태조사에 협조하여야 하며, 학교의 장은 전담기구에 행정적 · 재정적 지원을 할 수 있다.

⑦ 전담기구는 성폭력 등 특수한 학교폭력사건에 대한 실태조사의 전문성을 확보하기 위하여 필요한 경우 전문기관에 그 실태조사를 의뢰할 수 있다. 이 경우 그 의뢰는 자치위원회 위원장의 심의를 거쳐 학교의 장 명의로 하여야 한다.

⑧ 그 밖에 전담기구 운영 등에 필요한 사항은 대통령령으로 정한다.

제15조(학교폭력 예방교육 등) ① 학교의 장은 학생의 육체적 · 정신적 보호와 학교폭력의 예방을 위한 학생들에 대한 교육(학교폭력의 개념 · 실태 및 대처방안 등을 포함하여야 한다)을 학기별로 1회 이상 실시하여야 한다.

② 학교의 장은 학교폭력의 예방 및 대책 등을 위한 교직원 및 학부모에 대한 교육을 학기별로 1회 이상 실시하여야 한다.

③ 학교의 장은 제1항에 따른 학교폭력 예방교육 프로그램의 구성 및 그 운용

등을 전담기구와 협의하여 전문단체 또는 전문가에게 위탁할 수 있다.

④ 교육장은 제1항부터 제3항까지의 규정에 따른 학교폭력 예방교육 프로그램의 구성과 운용계획을 학부모가 쉽게 확인할 수 있도록 인터넷 홈페이지에 게시하고, 그 밖에 다양한 방법으로 학부모에게 알릴 수 있도록 노력하여야 한다.

⑤ 그 밖에 학교폭력 예방교육의 실시와 관련한 사항은 대통령령으로 정한다.

제16조(피해학생의 보호) ① 자치위원회는 피해학생의 보호를 위하여 필요하다고 인정하는 때에는 피해학생에 대하여 다음 각 호의 어느 하나에 해당하는 조치(수 개의 조치를 병과하는 경우를 포함한다)를 할 것을 학교의 장에게 요청할 수 있다. 다만, 학교의 장은 피해학생의 보호를 위하여 긴급하다고 인정하거나 피해학생이 긴급보호의 요청을 하는 경우에는 자치위원회의 요청 전에 제1호, 제2호 및 제6호의 조치를 할 수 있다. 이 경우 자치위원회에 즉시 보고하여야 한다.

1. 심리상담 및 조언
2. 일시보호
3. 치료 및 치료를 위한 요양
4. 학급교체
5. 삭제 〈2012. 3. 21.〉
6. 그 밖에 피해학생의 보호를 위하여 필요한 조치

② 자치위원회는 제1항에 따른 조치를 요청하기 전에 피해학생 및 그 보호자에게 의견진술의 기회를 부여하는 등 적정한 절차를 거쳐야 한다.

③ 제1항에 따른 요청이 있는 때에는 학교의 장은 피해학생의 보호자의 동의를 받아 7일 이내에 해당 조치를 하여야 하고 이를 자치위원회에 보고하여야 한다.

④ 제1항의 조치 등 보호가 필요한 학생에 대하여 학교의 장이 인정하는 경우 그 조치에 필요한 결석을 출석일수에 산입할 수 있다.

⑤ 학교의 장은 성적 등을 평가함에 있어서 제3항에 따른 조치로 인하여 학생에게 불이익을 주지 아니하도록 노력하여야 한다.

⑥ 피해학생이 전문단체나 전문가로부터 제1항 제1호부터 제3호까지의 규정에 따른 상담 등을 받는 데에 사용되는 비용은 가해학생의 보호자가 부담하여야 한다. 다만, 피해학생의 신속한 치료를 위하여 학교의 장 또는 피해학생의 보호자가 원하는 경우에는 「학교안전사고 예방 및 보상에 관한 법률」 제15조에 따른 학교안전공제회 또는 시 · 도 교육청이 부담하고 이에 대한 구상권을 행사할 수 있다.

1. 삭제 〈2012. 3. 21.〉
2. 삭제 〈2012. 3. 21.〉

⑦ 학교의 장 또는 피해학생의 보호자는 필요한 경우 「학교안전사고 예방 및 보상에 관한 법률」 제34조의 공제급여를 학교안전공제회에 직접 청구할 수 있다.

⑧ 피해학생의 보호 및 제6항에 따른 지원범위, 구상범위, 지급절차 등에 필요한 사항은 대통령령으로 정한다.

제16조의2(장애학생의 보호) ① 누구든지 장애 등을 이유로 장애학생에게 학교폭력을 행사하여서는 아니 된다.

② 자치위원회는 학교폭력으로 피해를 입은 장애학생의 보호를 위하여 장애인 전문상담가의 상담 또는 장애인 전문치료기관의 요양 조치를 학교의 장에게 요청할 수 있다.

③ 제2항에 따른 요청이 있는 때에는 학교의 장은 해당 조치를 하여야 한다. 이 경우 제16조 제6항을 준용한다.

제17조(가해학생에 대한 조치) ① 자치위원회는 피해학생의 보호와 가해학생의 선도 · 교육을 위하여 가해학생에 대하여 다음 각 호의 어느 하나에 해당하는 조치(수 개의 조치를 병과하는 경우를 포함한다)를 할 것을 학교의 장에게 요청하여야 하며, 각 조치별 적용 기준은 대통령령으로 정한다. 다만, 퇴학 처분은 의무교육과정에 있는 가해학생에 대하여는 적용하지 아니한다.

1. 피해학생에 대한 서면 사과
2. 피해학생 및 신고 · 고발 학생에 대한 접촉, 협박 및 보복행위의 금지
3. 학교에서의 봉사
4. 사회봉사

5. 학내외 전문가에 의한 특별 교육이수 또는 심리치료

6. 출석 정지

7. 학급 교체

8. 전학

9. 퇴학 처분

② 제1항에 따라 자치위원회가 학교의 장에게 가해학생에 대한 조치를 요청할 때 그 이유가 피해학생이나 신고 · 고발 학생에 대한 협박 또는 보복행위일 경우에는 같은 항 각 호의 조치를 병과하거나 조치 내용을 가중할 수 있다.

③ 제1항 제2호부터 제4호까지 및 제6호부터 제8호까지의 처분을 받은 가해학생은 교육감이 정한 기관에서 특별교육을 이수하거나 심리치료를 받아야 하며, 그 기간은 자치위원회에서 정한다.

④ 학교의 장은 가해학생에 대한 선도가 긴급하다고 인정할 경우 우선 제1항 제1호부터 제3호까지, 제5호 및 제6호의 조치를 할 수 있으며, 제5호와 제6호는 병과조치할 수 있다. 이 경우 자치위원회에 즉시 보고하여 추인을 받아야 한다.

⑤ 자치위원회는 제1항 또는 제2항에 따른 조치를 요청하기 전에 가해학생 및 보호자에게 의견진술의 기회를 부여하는 등 적정한 절차를 거쳐야 한다.

⑥ 제1항에 따른 요청이 있는 때에는 학교의 장은 14일 이내에 해당 조치를 하여야 한다.

⑦ 학교의 장이 제4항에 따른 조치를 한 때에는 가해학생과 그 보호자에게 이

를 통지하여야 하며, 가해학생이 이를 거부하거나 회피하는 때에는 「초·중등교육법」 제18조에 따라 징계하여야 한다.

⑧ 가해학생이 제1항 제3호부터 제5호까지의 규정에 따른 조치를 받은 경우 이와 관련된 결석은 학교의 장이 인정하는 때에는 이를 출석일수에 산입할 수 있다.

⑨ 자치위원회는 가해학생이 특별교육을 이수할 경우 해당 학생의 보호자도 함께 교육을 받게 하여야 한다.

⑩ 가해학생이 다른 학교로 전학을 간 이후에는 전학 전의 피해학생 소속 학교로 다시 전학 올 수 없도록 하여야 한다.

⑪ 제1항 제2호부터 제9호까지의 처분을 받은 학생이 해당 조치를 거부하거나 기피하는 경우 자치위원회는 제7항에도 불구하고 대통령령으로 정하는 바에 따라 추가로 다른 조치를 할 것을 학교의 장에게 요청할 수 있다.

⑫ 가해학생에 대한 조치 및 제11조 제6항에 따른 재입학 등에 관하여 필요한 사항은 대통령령으로 정한다.

제17조의2(재심청구) ① 자치위원회 또는 학교의 장이 제16조 제1항 및 제17조 제1항에 따라 내린 조치에 대하여 이의가 있는 피해학생 또는 그 보호자는 그 조치를 받은 날부터 15일 이내, 그 조치가 있음을 안 날부터 10일 이내에 지역위원회에 재심을 청구할 수 있다.

② 자치위원회가 제17조 제1항 제8호와 제9호에 따라 내린 조치에 대하여 이의

가 있는 학생 또는 그 보호자는 그 조치를 받은 날부터 15일 이내, 그 조치가 있음을 안 날로부터 10일 이내에 「초 · 중등교육법」 제18조의3에 따른 시 · 도 학생징계조정위원회에 재심을 청구할 수 있다.

③ 지역위원회가 제1항에 따른 재심청구를 받은 때에는 30일 이내에 이를 심사 · 결정하여 청구인에게 통보하여야 한다.

④ 제3항의 결정에 이의가 있는 청구인은 그 통보를 받은 날부터 60일 이내에 행정심판을 제기할 수 있다.

⑤ 제1항에 따른 재심청구, 제3항에 따른 심사절차 및 결정통보 등에 필요한 사항은 대통령령으로 정한다.

⑥ 제2항에 따른 재심청구, 심사절차, 결정통보 등은 「초 · 중등교육법」 제18조의2 제2항부터 제4항까지의 규정을 준용한다.

제18조(분쟁조정) ① 자치위원회는 학교폭력과 관련하여 분쟁이 있는 경우에는 그 분쟁을 조정할 수 있다.

② 제1항에 따른 분쟁의 조정기간은 1개월을 넘지 못한다.

③ 학교폭력과 관련한 분쟁조정에는 다음 각 호의 사항을 포함한다.

1. 피해학생과 가해학생 간 또는 그 보호자 간의 손해배상에 관련된 합의조정
2. 그 밖에 자치위원회가 필요하다고 인정하는 사항

④ 자치위원회는 분쟁조정을 위하여 필요하다고 인정하는 때에는 관계 기관의 협조를 얻어 학교폭력과 관련한 사항을 조사할 수 있다.

⑤ 자치위원회가 분쟁조정을 하고자 할 때에는 이를 피해학생 · 가해학생 및 그 보호자에게 통보하여야 한다.

⑥ 시 · 도 교육청 관할 구역 안의 소속 학교가 다른 학생 간에 분쟁이 있는 경우에는 교육감이 해당 학교의 자치위원회 위원장과의 협의를 거쳐 직접 분쟁을 조정한다. 이 경우 제2항부터 제5항까지의 규정을 준용한다.

⑦ 관할 구역을 달리하는 시 · 도 교육청 소속 학교의 학생 간에 분쟁이 있는 경우에는 피해학생을 감독하는 교육감이 가해학생을 감독하는 교육감 및 관련 해당 학교의 자치위원회 위원장과의 협의를 거쳐 직접 분쟁을 조정한다. 이 경우 제2항부터 제5항까지의 규정을 준용한다.

제19조(학교의 장의 의무) 학교의 장은 교육감에게 학교폭력이 발생한 사실 및 제16조, 제16조의2, 제17조, 제17조의2 및 제18조에 따른 조치 및 그 결과를 보고하고, 관계 기관과 협력하여 교내 학교폭력 단체의 결성예방 및 해체에 노력하여야 한다.

제20조(학교폭력의 신고의무) ① 학교폭력 현장을 보거나 그 사실을 알게 된 자는 학교 등 관계 기관에 이를 즉시 신고하여야 한다.

② 제1항에 따라 신고를 받은 기관은 이를 가해학생 및 피해학생의 보호자와 소속 학교의 장에게 통보하여야 한다.

③ 제2항에 따라 통보받은 소속 학교의 장은 이를 자치위원회에 지체 없이 통

보하여야 한다.

④ 누구라도 학교폭력의 예비 · 음모 등을 알게 된 자는 이를 학교의 장 또는 자치위원회에 고발할 수 있다. 다만, 교원이 이를 알게 되었을 경우에는 학교의 장에게 보고하고 해당 학부모에게 알려야 한다.

⑤ 누구든지 제1항부터 제4항까지에 따라 학교폭력을 신고한 사람에게 그 신고행위를 이유로 불이익을 주어서는 아니 된다.

제20조의2(긴급전화의 설치 등) ① 국가 및 지방자치단체는 학교폭력을 수시로 신고받고 이에 대한 상담에 응할 수 있도록 긴급전화를 설치하여야 한다.

② 국가와 지방자치단체는 제1항에 따른 긴급전화의 설치 · 운영을 대통령령으로 정하는 기관 또는 단체에 위탁할 수 있다.

③ 제1항과 제2항에 따른 긴급전화의 설치 · 운영 · 위탁에 필요한 사항은 대통령령으로 정한다.

제20조의3(정보통신망에 의한 학교폭력 등) 제2조 제1호에 따른 정보통신망을 이용한 음란 · 폭력 정보 등에 의한 신체상 · 정신상 피해에 관하여 필요한 사항은 따로 법률로 정한다.

제20조의4(정보통신망의 이용 등) ① 국가 · 지방자치단체 또는 교육감은 학교폭력 예방 업무 등을 효과적으로 수행하기 위하여 필요한 경우 정보통신망을

이용할 수 있다.

② 국가 · 지방자치단체 또는 교육감은 제1항에 따라 정보통신망을 이용하여 학교 또는 학생(학부모를 포함한다)이 학교폭력 예방 업무 등을 수행하는 경우 다음 각 호의 어느 하나에 해당하는 비용의 전부 또는 일부를 지원할 수 있다.

1. 학교 또는 학생(학부모를 포함한다)이 전기통신설비를 구입하거나 이용하는 데 소요되는 비용
2. 학교 또는 학생(학부모를 포함한다)에게 부과되는 전기통신역무 요금

③ 그 밖에 정보통신망의 이용 등에 관하여 필요한 사항은 대통령령으로 정한다.

제20조의5(학생보호인력의 배치 등) ① 국가 · 지방자치단체 또는 학교의 장은 학교폭력을 예방하기 위하여 학교 내에 학생보호인력을 배치하여 활용할 수 있다.

② 국가 · 지방자치단체 또는 학교의 장은 제1항에 따른 학생보호인력의 배치 및 활용 업무를 관련 전문기관 또는 단체에 위탁할 수 있다.

③ 제2항에 따라 학생보호인력의 배치 및 활용 업무를 위탁받은 관련 전문기관 또는 단체는 그 업무를 함에 있어 학교의 장과 충분히 협의하여야 한다.

제20조의6(영상정보처리기기의 통합 관제) ① 국가 및 지방자치단체는 학교폭력 예방 업무를 효과적으로 수행하기 위하여 교육감과 협의하여 학교 내외에

설치된 영상정보처리기기(「개인정보 보호법」 제2조 제7호에 따른 영상정보처리기기를 말한다. 이하 이 조에서 같다)를 통합하여 관제할 수 있다. 이 경우 국가 및 지방자치단체는 통합 관제 목적에 필요한 범위에서 최소한의 개인정보만을 처리하여야 하며, 그 목적 외의 용도로 활용하여서는 아니 된다.

② 제1항에 따라 영상정보처리기기를 통합 관제하려는 국가 및 지방자치단체는 공청회 · 설명회의 개최 등 대통령령으로 정하는 절차를 거쳐 관계 전문가 및 이해관계인의 의견을 수렴하여야 한다.

③ 제1항에 따라 학교 내외에 설치된 영상정보처리기기가 통합 관제되는 경우 해당 학교의 영상정보처리기기운영자는 「개인정보 보호법」 제25조 제4항에 따른 조치를 통하여 그 사실을 정보 주체에게 알려야 한다.

④ 통합 관제에 관하여 이 법에서 규정한 것을 제외하고는 「개인정보 보호법」의 규정을 적용한다.

⑤ 그 밖에 영상정보처리기기의 통합 관제에 필요한 사항은 대통령령으로 정한다.

제21조(비밀누설금지 등) ① 이 법에 따라 학교폭력의 예방 및 대책과 관련된 업무를 수행하거나 수행하였던 자는 그 직무로 인하여 알게 된 비밀 또는 가해학생 · 피해학생 및 제20조에 따른 신고자 · 고발자와 관련된 자료를 누설하여서는 아니 된다.

② 제1항에 따른 비밀의 구체적인 범위는 대통령령으로 정한다.

③ 제16조, 제16조의2, 제17조, 제17조의2, 제18조의까지의 규정에 따른 자치위원회의 회의는 공개하지 아니한다. 다만, 피해학생 · 가해학생 또는 그 보호자가 회의록의 열람 · 복사 등 회의록 공개를 신청한 때에는 학생과 그 가족의 성명, 주민등록번호 및 주소, 위원의 성명 등 개인정보에 관한 사항을 제외하고 공개하여야 한다.

제22조(벌칙) ① 제21조 제1항을 위반한 자는 300만원 이하의 벌금에 처한다.

② 제17조 제9항에 따른 자치위원회의 교육 이수 조치를 따르지 아니한 보호자에게는 300만원 이하의 과태료를 부과한다.

부 칙

제1조(시행일) 이 법은 2012년 5월 1일부터 시행한다. 다만, 제4조, 제4조 제4항, 제13조 제2항, 제15조 제2항, 제16조, 제16조의2, 제17조, 제20조 제5항, 제20조의3의 개정규정 및 법률 제11223호 「학교폭력예방 및 대책에 관한 법률」 일부개정법률 부칙 제1조의 개정규정은 2012년 4월 1일부터 시행한다.

제2조(경과규정) 제16조 제6항의 개정규정은 학교폭력으로 피해를 받아 이법 시행 당시 치료 등을 받고 있는 사람부터 적용한다.

학교폭력예방 및 대책에 관한 법률 시행령

[시행 2012. 4. 1.] [대통령령 제23689호, 2012. 3. 30., 전부개정]

제1조(목적) 이 영은 「학교폭력예방 및 대책에 관한 법률」에서 위임된 사항과 그 시행에 필요한 사항을 규정함을 목적으로 한다. [시행일 : 2012. 5. 1.]

제2조(성과 평가 및 공표) 「학교폭력예방 및 대책에 관한 법률」(이하 '법' 이라 한다) 제6조 제3항에 따른 학교폭력 예방 및 대책에 대한 성과는 「초 · 중등교육법」 제9조 제2항에 따른 지방교육행정기관에 대한 평가에 포함하여 평가하고, 이를 공표하여야 한다.

제3조(학교폭력대책위원회의 운영) ① 법 제7조에 따른 학교폭력대책위원회(이하 '대책위원회' 라 한다)의 위원장은 회의를 소집하고, 그 의장이 된다.

② 대책위원회의 회의는 반기별로 1회 소집한다. 다만, 재적위원 3분의 1 이상이 요구하거나 위원장이 필요하다고 인정하는 경우에는 수시로 소집할 수 있다.

③ 대책위원회의 위원장이 회의를 소집할 때에는 회의 개최 5일 전까지 회의 일시 · 장소 및 안건을 각 위원에게 알려야 한다. 다만, 긴급히 소집하여야 할 때에는 그러하지 아니 한다.

④ 대책위원회의 회의는 재적위원 과반수의 출석으로 개의(開議)하고, 출석위원 과반수의 찬성으로 의결한다.

⑤ 대책위원회의 위원장은 필요하다고 인정할 때에는 학교폭력 예방 및 대책과 관련하여 전문가 등을 회의에 출석하여 발언하게 할 수 있다.

⑥ 회의에 출석한 위원과 전문가 등에게는 예산의 범위에서 수당과 여비를 지급할 수 있다. 다만, 공무원인 위원이 그 소관 업무와 직접적으로 관련하여 회의에 출석하는 경우에는 그러하지 아니 한다. [시행일: 2012. 5. 1.]

제4조(학교폭력대책실무위원회의 구성 · 운영) ① 법 제8조 제6항에 따른 학교폭력대책실무위원회(이하 '실무위원회' 라 한다)는 위원장(이하 '실무위원장' 이라 한다) 1명을 포함한 11명 이내의 위원으로 구성한다.

② 실무위원장은 교육과학기술부차관 중 교육과학기술부장관이 지명하는 차관이 되고, 위원은 국무총리실, 기획재정부, 교육과학기술부, 법무부, 행정안전부, 문화체육관광부, 보건복지부, 여성가족부, 방송통신위원회의 고위공무원단에 속하는 공무원과 경찰청의 치안감 또는 경무관 중에서 소속 기관의 장이 지명하는 각 1명이 된다.

③ 실무위원회의 사무를 처리하기 위하여 간사 1명을 두며, 간사는 교육과학기술부 소속 공무원 중에서 실무위원장이 지명하는 사람으로 한다.

④ 실무위원장이 부득이한 사유로 직무를 수행할 수 없을 때에는 실무위원장이 미리 지명하는 위원이 그 직무를 대행한다.

⑤ 회의는 대책위원회 개최 전 또는 실무위원장이 필요하다고 인정할 때 소집한다.

⑥ 실무위원회는 대책위원회의 회의에 부칠 안건 검토와 심의 지원 및 그 밖의 업무수행을 위하여 필요한 경우에는 이해관계인 또는 관련 전문가를 출석하게 하여 의견을 듣거나 의견 제출을 요청할 수 있다.

⑦ 실무위원장은 회의를 소집할 때에는 회의 개최 7일 전까지 회의 일시 · 장소 및 안건을 각 위원에게 알려야 한다. 다만, 긴급히 소집하여야 할 때에는 그러하지 아니 한다. [시행일: 2012. 5. 1.]

제5조(학교폭력대책지역위원회의 구성 · 운영) ① 법 제9조 제1항에 따른 학교폭력대책지역위원회(이하 '지역위원회' 라 한다)의 위원장은 특별시 · 광역시 · 특별자치시 · 도 · 특별자치도(이하 '시 · 도' 라 한다)의 부단체장(특별시의 경우에는 행정(1)부시장, 광역시 및 도의 경우에는 행정부시장 및 행정부지사를 말한다)으로 한다.

② 지역위원회의 위원장은 회의를 소집하고, 그 의장이 된다.

③ 지역위원회의 위원장이 부득이한 사유로 직무를 수행할 수 없을 때에는 지역위원회 위원장이 미리 지명하는 위원이 그 직무를 대행한다.

④ 지역위원회의 위원은 학식과 경험이 풍부하고 청소년보호에 투철한 사명감이 있는 사람으로서 다음 각 호의 어느 하나에 해당하는 사람 중에서 특별시장 · 광역시장 · 특별자치시장 · 도지사 · 특별자치도지사(이하 '시 · 도지사' 라 한다)가 교육감과 협의하여 임명하거나 위촉한다.

1. 해당 시 · 도의 청소년보호 업무 담당 국장 및 시 · 도 교육청 생활지도 담당 국장
2. 해당 시 · 도 의회 의원 또는 교육위원회 위원
3. 시 · 도 지방경찰청 소속 경찰공무원
4. 학생생활지도 경력이 5년 이상인 교원
5. 판사 · 검사 · 변호사
6. 「고등교육법」 제2조에 따른 학교의 조교수 이상 또는 청소년 관련 연구기관에서 이에 상당하는 직위에 재직하고 있거나 재직하였던 사람으로서 학교폭력 문제에 대한 전문지식이 있는 사람
7. 청소년 선도 및 보호 단체에서 청소년보호활동을 5년 이상 전문적으로 담당한 사람
8. 「초 · 중등교육법」 제31조 제1항에 따른 학교운영위원회(이하 '학교운영위원회' 라 한다)의 위원 또는 법 제12조 제1항에 따른 학교폭력대책자치위원회(이하 '자치위원회' 라 한다) 위원으로 활동하고 있거나 활동한 경험이 있는 학부모 대표
9. 그 밖에 학교폭력 예방 및 청소년 보호에 대한 지식과 경험이 있는 사람

⑤ 지역위원회 위원의 임기는 2년으로 한다. 다만, 지역위원회 위원의 사임 등으로 새로 위촉되는 위원의 임기는 전임위원 임기의 남은 기간으로 한다.

⑥ 지역위원회의 사무를 처리하기 위하여 간사 1명을 두며, 지역위원회의 위원장과 교육감이 시 · 도 또는 시 · 도 교육청 소속 공무원 중에서 협의하여 정하는

사람으로 한다.

⑦ 지역위원회 회의의 운영에 관하여는 제3조 제2항부터 제6항까지의 규정을 준용한다. 이 경우 '대책위원회'는 '지역위원회'로 본다. [시행일: 2012. 5. 1.]

제6조(학교폭력대책지역실무위원회의 구성 · 운영) 법 제9조 제2항에 따른 실무위원회는 7명 이내의 학교폭력 예방 및 대책에 관한 실무자 및 민간 전문가로 구성한다. [시행일: 2012. 5. 1.]

제7조(학교폭력대책지역협의회의 구성 · 운영) ① 법 제10조의2에 따른 학교폭력대책지역협의회(이하 '지역협의회'라 한다)의 위원장은 시 · 군 · 구의 부단체장이 된다.

② 지역협의회의 위원장은 회의를 소집하고, 그 의장이 된다.

③ 지역협의회의 위원장이 부득이한 사유로 직무를 수행할 수 없을 때에는 위원장이 미리 지정하는 위원이 그 직무를 대행한다.

④ 지역협의회의 위원은 학식과 경험이 풍부하고 청소년보호에 투철한 사명감이 있는 사람으로서 다음 각 호의 어느 하나에 해당하는 사람 중에서 시장 · 군수 · 구청장이 해당 지역교육청의 교육장과 협의하여 임명하거나 위촉한다.

1. 해당 시 · 군 · 구의 청소년보호 업무 담당 국장(국장이 없는 시 · 군 · 구는 과장을 말한다) 및 지역교육청의 생활지도 담당 국장(국장이 없는 지역교육청은 과장을 말한다)

2. 해당 시 · 군 · 구 의회 의원

3. 해당 시 · 군 · 구를 관할하는 경찰서 소속 경찰공무원

4. 학생생활지도 경력이 5년 이상인 교원

5. 판사 · 검사 · 변호사

6. 「고등교육법」 제2조에 따른 학교의 조교수 이상 또는 청소년 관련 연구기관에서 이에 상당하는 직위에 재직하고 있거나 재직하였던 사람으로서 학교폭력 문제에 대하여 전문지식이 있는 사람

7. 청소년 선도 및 보호 단체에서 청소년보호활동을 5년 이상 전문적으로 담당한 사람

8. 학교운영위원회 위원 또는 자치위원회 위원으로 활동하거나 활동한 경험이 있는 학부모 대표

9. 그 밖에 학교폭력 예방 및 청소년보호에 대한 지식과 경험을 가진 사람

⑤ 지역협의회 위원의 임기는 2년으로 한다. 다만, 지역위원회 위원의 사임 등으로 새로 위촉되는 위원의 임기는 전임위원 임기의 남은 기간으로 한다.

⑥ 지역협의회에는 사무를 처리하기 위해 간사 1명을 두며, 간사는 지역협의회의 위원장과 교육장이 시 · 군 · 구 또는 지역교육청 소속 공무원 중에서 협의하여 정하는 사람으로 한다. [시행일: 2012. 5. 1.]

제8조(전담부서의 구성 등) 법 제11조 제1항에 따라 다음 각 호의 업무를 수행하기 위하여 시 · 도 교육청 및 지역교육청에 과 · 담당관 또는 팀을 둔다.

1. 학교폭력 예방과 근절을 위한 대책의 수립과 추진에 관한 사항
2. 학교폭력 피해학생의 치료 및 가해학생에 대한 조치에 관한 사항
3. 그 밖에 학교폭력의 예방 및 대책과 관련하여 교육감이 정하는 사항 [시행일: 2012. 5. 1.]

제9조(실태조사) ① 법 제11조 제8항에 따라 교육감이 실시하는 학교폭력 실태조사는 교육과학기술부장관과 협의하여 다른 교육감과 공동으로 실시할 수 있다.

② 교육감은 학교폭력 실태조사를 교육 관련 연구 · 조사 기관에 위탁할 수 있다. [시행일: 2012. 5. 1.]

제10조(전문기관의 설치 등) ① 교육감은 법 제11조 제9항에 따라 시 · 도 교육청 또는 지역교육청에 다음 각 호의 업무를 수행하는 전문기관을 설치 · 운영할 수 있다.

1. 법 제11조의2 제1항에 따른 조사 · 상담 등의 업무
2. 학교폭력 피해학생 · 가해학생에 대한 치유 프로그램 운영 업무

② 교육감은 제1항 제2호에 따른 치유 프로그램 운영 업무를 다음 각 호의 어느 하나에 해당하는 기관 · 단체 · 시설에 위탁하여 수행하게 할 수 있다.

1. 「청소년복지지원법」 제14조에 따른 청소년쉼터, 「청소년보호법」 제33조의2에 따른 청소년보호센터 등 청소년을 보호하기 위하여 국가 · 지방자치단체가 운영하는 시설

2. 「청소년활동진흥법」 제10조에 따른 청소년활동시설

3. 학교폭력의 예방과 피해학생 및 가해학생의 치료 · 교육을 수행하는 청소년 관련 단체

4. 청소년 정신치료 전문인력이 배치된 병원

5. 학교폭력 피해학생 · 가해학생 및 학부모를 위한 프로그램을 운영하는 종교기관 등의 기관

6. 그 밖에 교육감이 치유 프로그램의 운영에 적합하다고 인정하는 기관

③ 제1항에 따른 전문기관의 설치 · 운영에 관한 세부사항은 교육감이 정한다. [시행일: 2012. 5. 1.]

제11조(학교폭력 조사 · 상담 업무의 위탁 등) 교육감은 법 제11조의2 제2항에 따라 학교폭력 예방에 관한 사업을 3년 이상 수행한 기관 또는 단체 중에서 학교폭력의 예방 및 사후조치 등을 수행하는 데 적합하다고 인정하는 기관 또는 단체에 법 제11조의2 제1항의 업무를 위탁할 수 있다. [시행일: 2012. 5. 1.]

제12조(관계 기관과의 협조사항 등) 법 제11조의3에 따라 학교폭력과 관련한 개인정보 등을 협조를 요청할 때에는 문서로 하여야 한다. [시행일: 2012. 5. 1.]

제13조(자치위원회의 설치 및 심의사항) ① 법 제12조 제1항 단서에서 '대통령령으로 정하는 사유가 있는 경우'란 학교폭력 피해학생과 가해학생이 각각 다

른 학교에 재학 중인 경우를 말한다.

② 법 제12조 제2항 제5호에서 '대통령령으로 정하는 사항'이란 학교폭력의 예방 및 대책과 관련하여 법 제14조 제3항에 따른 책임교사 또는 학생회의 대표가 건의하는 사항을 말한다.

제14조(자치위원회의 구성 · 운영) ① 법 제13조 제1항에 따른 자치위원회의 위원은 다음 각 호의 어느 하나에 해당하는 사람 중에서 해당 학교의 장이 임명하거나 위촉한다.

1. 해당 학교의 교감
2. 해당 학교의 교사 중 학생생활지도 경력이 있는 교사
3. 법 제13조 제1항에 따라 선출된 학부모 대표
4. 판사 · 검사 · 변호사
5. 해당 학교를 관할하는 경찰서 소속 경찰공무원
6. 의사 자격이 있는 사람
7. 그 밖에 학교폭력 예방 및 청소년보호에 대한 지식과 경험이 풍부한 사람

② 자치위원회의 위원장은 위원 중에서 호선(互選)하며, 위원장이 부득이한 사유로 직무를 수행할 수 없을 때에는 위원장이 미리 지정하는 위원이 그 직무를 대행한다.

③ 자치위원회 위원의 임기는 2년으로 한다. 다만, 자치위원회 위원의 사임 등으로 새로 위촉되는 위원의 임기는 전임위원 임기의 남은 기간으로 한다.

④ 자치위원회의 회의는 재적위원 과반수의 출석으로 개의하고, 출석위원 과반수의 찬성으로 의결한다.

⑤ 자치위원회의 위원장은 해당 학교의 교직원에서 자치위원회의 사무를 처리할 간사 1명을 지명한다.

⑥ 자치위원회의 회의에 출석한 위원에게는 예산의 범위에서 수당과 여비를 지급할 수 있다. 다만, 공무원인 위원이 그 소관 업무와 직접적으로 관련하여 회의에 출석한 경우에는 그러하지 아니 한다.

⑦ 자치위원회의 위원장은 회의 일시를 정할 때에는 일과 후, 주말 등 위원들이 참석하기 편리한 시간으로 정하여야 한다. [시행일: 2012. 5. 1.]

제15조(상담실 설치) 법 제14조 제1항에 따른 상담실은 다음 각 호의 시설 · 장비를 갖추어 상담활동이 편리한 장소에 설치하여야 한다.

1. 인터넷 이용 시설, 전화 등 상담에 필요한 시설 및 장비
2. 상담을 받는 사람의 사생활 노출 방지를 위한 칸막이 및 방음시설 [시행일: 2012. 5. 1.]

제16조(전담기구 운영 등) 법 제14조 제3항에 따른 전담기구는 가해 및 피해 사실 여부에 관하여 확인한 사항을 학교의 장 및 자치위원회(자치위원회의 요청이 있는 경우만을 말한다)에 보고하여야 한다. [시행일: 2012. 5. 1.]

제17조(학교폭력 예방교육) 학교의 장은 법 제15조 제5항에 따라 학생과 교직원 및 학부모에 대한 학교폭력 예방교육을 다음 각 호의 기준에 따라 실시한다.

1. 학기별로 1회 이상 실시하고, 교육 횟수 · 시간 및 강사 등 세부적인 사항은 학교 여건에 따라 학교의 장이 정한다.
2. 학생에 대한 학교폭력 예방교육은 학급 단위로 실시함을 원칙으로 하되, 학교 여건에 따라 전체 학생을 대상으로 한 장소에서 동시에 실시할 수 있다.
3. 학생과 교직원, 학부모를 따로 교육하는 것을 원칙으로 하되, 내용에 따라 함께 교육할 수 있다.
4. 강의 · 토론 및 역할연기 등 다양한 방법으로 하고, 다양한 자료나 프로그램 등을 활용하여야 한다.
5. 교직원에 대한 학교폭력 예방교육은 학교폭력 관련 법령에 대한 내용, 학교폭력 발생 시 대응요령, 학생 대상 학교폭력예방 프로그램 운영 방법 등을 포함하여야 한다.
6. 학부모에 대한 학교폭력 예방교육은 학교폭력 징후 판별, 학교폭력 발생 시 대응요령, 가정에서의 인성교육에 관한 사항을 포함하여야 한다.

제18조(피해학생의 지원범위 등) ① 법 제16조 제6항 단서에 따른 하교안전공제회 또는 시 · 도 교육청이 부담하는 피해학생의 지원범위는 다음 각 호와 같다.

1. 교육감이 정한 전문심리상담기관에서 심리상담 및 조언을 받는 데 드는 비용
2. 교육감이 정한 기관에서 일시보호를 받는 데 드는 비용

3. 「의료법」에 따라 개설된 의료기관, 「지역보건법」에 따라 설치된 보건소 · 보건의료원 및 보건지소, 「농어촌 등 보건의료를 위한 특별조치법」에 따라 설치된 보건진료소, 「약사법」에 따라 등록된 약국 및 같은 법 제91조에 따라 설립된 한국희귀의약품센터에서 치료 및 치료를 위한 요양을 받거나 의약품을 공급받는 데 드는 비용

② 제1항의 비용을 지원받으려는 피해학생 및 보호자가 학교안전공제회 또는 시 · 도 교육청에 비용을 청구하는 절차와 학교안전공제회 또는 시 · 도 교육청이 비용을 지급하는 절차는 「학교안전사고 예방 및 보상에 관한 법률」 제41조를 준용한다.

③ 학교안전공제회 또는 시 · 도 교육청이 법 제16조 제6항에 따라 가해학생의 보호자에게 구상(求償)하는 범위는 제2항에 따라 피해학생에게 지급하는 모든 비용으로 한다.

제19조(가해학생에 대한 조치별 적용 기준) 법 제17조 제1항의 조치별 적용 기준은 다음 각 호의 사항을 고려하여 결정하고, 그 세부적인 기준은 교육과학기술부장관이 정하여 고시한다.

1. 가해학생이 행사한 학교폭력의 심각성 · 지속성 · 고의성
2. 가해학생의 반성 정도
3. 해당 조치로 인한 가해학생의 선도 가능성
4. 가해학생 및 보호자와 피해학생 및 보호자 간의 화해의 정도

5. 피해학생이 장애학생인지 여부

제20조(가해학생에 대한 전학 조치) ① 초등학교 · 중학교 · 고등학교의 장은 자치위원회가 법 제17조 제1항에 따라 가해학생에 대한 전학 조치를 요청하는 경우에는 초등학교 · 중학교의 장은 교육장에게, 고등학교의 장은 교육감에게 해당 학생이 전학할 학교의 배정을 지체 없이 요청하여야 한다.

② 교육감 또는 교육장은 가해학생이 전학할 학교를 배정할 때 피해학생의 보호에 충분한 거리 등을 고려하여야 하며, 관할 구역 외의 학교를 배정하려는 경우에는 해당 교육감 또는 교육장에게 이를 통보하여야 한다.

③ 제2항에 따른 통보를 받은 교육감 또는 교육장은 해당 가해학생이 전학할 학교를 배정하여야 한다.

④ 교육감 또는 교육장은 제2항과 제3항에 따라 전학 조치된 가해학생과 피해학생이 상급학교에 진학할 때에는 각각 다른 학교를 배정하여야 한다. 이 경우 피해학생이 입학할 학교를 우선적으로 배정한다.

제21조(가해학생에 대한 우선 출석정지 등) ① 법 제17조 제4항에 따라 학교의 장이 출석정지 조치를 할 수 있는 경우는 다음 각 호와 같다.

1. 2명 이상의 학생이 고의적 · 지속적으로 폭력을 행사한 경우
2. 학교폭력을 행사하여 전치 2주 이상의 상해를 입힌 경우
3. 학교폭력에 대한 신고, 진술, 자료 제공 등에 대한 보복을 목적으로 폭력

을 행사한 경우

4. 학교의 장이 피해학생을 가해학생으로부터 긴급하게 보호할 필요가 있다고 판단하는 경우

② 학교의 장은 제1항에 따라 출석정지 조치를 하려는 경우에는 해당 학생 또는 보호자의 의견을 들어야 한다. 다만, 학교의 장이 해당 학생 또는 보호자의 의견을 들으려 하였으나 이에 따르지 아니한 경우에는 그러하지 아니 한다.

第22조(가해학생의 조치 거부 · 기피에 대한 추가 조치) 자치위원회는 법 제17조 제1항 제2호부터 제9호까지의 조치를 받은 학생이 해당 조치를 거부하거나 기피하는 경우에는 법 제17조 제11항에 따라 학교의 장으로부터 그 사실을 통보받은 날부터 7일 이내에 추가로 다른 조치를 할 것을 학교의 장에게 요청할 수 있다.

第23조(퇴학학생의 재입학 등) ① 교육감은 법 제17조 제1항 제9호에 따라 퇴학처분을 받은 학생에 대하여 법 제17조 제12항에 따라 해당 학생의 선도의 정도, 교육 가능성 등을 종합적으로 고려하여 「초 · 중등교육법」 제60조의3에 따른 대안학교로의 입학 등 해당 학생의 건전한 성장에 적합한 대책을 마련하여야 한다.

② 제1항에서 규정한 사항 외에 가해학생에 대한 조치 및 재입학 등에 필요한 세부사항은 교육감이 정한다.

제24조(피해학생 재심청구 및 심사절차 및 결정통보 등) ① 법 제17조의2 제5항에 따라 피해학생 또는 보호자가 지역위원회에 재심을 청구할 때에는 다음 각 호의 사항을 적어 서면으로 하여야 한다.

1. 청구인의 이름, 주소 및 연락처
2. 가해학생
3. 청구의 대상이 되는 조치를 받은 날 및 조치가 있음을 안 날
4. 청구의 취지 및 이유

② 지역위원회는 청구인, 가해학생 및 보호자 또는 해당 학교에 심사에 필요한 자료 또는 정보의 제출을 요구할 수 있고, 청구인, 가해학생 또는 해당 학교는 특별한 사유가 없으면 이를 즉시 제출하여야 한다.

③ 지역위원회는 직권으로 또는 신청에 따라 청구인, 가해학생 및 보호자 또는 관련 교원 등을 지역위원회에 출석하여 진술하게 할 수 있다.

④ 지역위원회는 필요하다고 인정할 때에는 전문가 등 참고인을 출석하게 하거나 서면으로 의견을 들을 수 있다.

⑤ 지역위원회의 회의는 비공개를 원칙으로 한다.

⑥ 지역위원회는 재심사 결정 시 법 제16조 제1항 각 호와 제17조 제1항 각 호의 어느 하나에 해당하는 조치(수 개의 조치를 병과하는 경우를 포함한다)를 할 것을 해당 학교의 장에게 요청할 수 있다.

⑦ 지역위원회의 재심 결과는 결정의 취지와 내용을 적어 청구인과 가해학생에게 서면으로 통보한다. [시행일: 2012. 5. 1.]

제25조(분쟁조정의 신청) 피해학생, 가해학생 또는 그 보호자(이하 '분쟁당사자'라 한다) 중 어느 한 쪽은 법 제18조에 따라 해당 분쟁사건에 대한 조정권한이 있는 자치위원회 또는 교육감에게 다음 각 호의 사항을 적은 문서로 분쟁조정을 신청할 수 있다.

1. 분쟁조정 신청인의 성명 및 주소
2. 보호자의 성명 및 주소
3. 분쟁조정 신청의 사유 [시행일: 2012. 5. 1.]

제26조(자치위원회 위원의 제척 · 기피 및 회피) ① 자치위원회의 위원은 법 제16조, 제17조 및 제18조에 따라 피해학생과 가해학생에 대한 조치를 요청하는 경우와 분쟁을 조정하는 경우 다음 각 호의 어느 하나에 해당하면 해당 사건에서 제척된다.

1. 위원이나 그 배우자 또는 그 배우자였던 사람이 해당 사건의 피해학생 또는 가해학생의 보호자인 경우 또는 보호자였던 경우
2. 위원이 해당 사건의 피해학생 또는 가해학생과 친족이거나 친족이었던 경우
3. 그 밖에 위원이 해당 사건의 피해학생 또는 가해학생과 친분이 있거나 관련이 있다고 인정하는 경우

② 학교폭력과 관련하여 자치위원회를 개최하는 경우 또는 분쟁이 발생한 경우 자치위원회의 위원에게 공정한 심의를 기대하기 어려운 사정이 있다고 인정

할 만한 상당한 사유가 있을 때에는 분쟁당사자는 자치위원회에 그 사실을 서면으로 소명하고 기피신청을 할 수 있다.

③ 자치위원회는 제2항에 따른 기피신청을 받으면 의결로써 해당 위원의 기피 여부를 결정하여야 한다. 이 경우 기피신청 대상이 된 위원은 그 의결에 참여하지 못한다.

④ 자치위원회의 위원이 제1항 또는 제2항의 사유에 해당하는 경우에는 스스로 해당 사건을 회피할 수 있다. [시행일: 2012. 5. 1.]

제27조(분쟁조정의 개시) ① 자치위원회 또는 교육감은 제25조에 따라 분쟁조정의 신청을 받으면 그 신청을 받은 날부터 5일 이내에 분쟁조정을 시작하여야 한다.

② 자치위원회 또는 교육감은 분쟁당사자에게 분쟁조정의 일시 및 장소를 통보하여야 한다.

③ 제2항에 따라 통지를 받은 분쟁당사자 중 어느 한쪽이 불가피한 사유로 출석할 수 없는 경우에는 자치위원회 또는 교육감에게 분쟁조정의 연기를 요청할 수 있다. 이 경우 자치위원회 또는 교육감은 분쟁조정의 기일을 다시 정하여야 한다.

④ 자치위원회 또는 교육감은 자치위원회 위원 또는 지역위원회 위원 중에서 분쟁조정 담당자를 지정하거나, 외부 전문기관에 분쟁과 관련한 사항에 대한 자문 등을 할 수 있다. [시행일: 2012. 5. 1.]

第28조(분쟁조정의 거부 · 중지 및 종료) ① 자치위원회 또는 교육감은 다음 각 호의 어느 하나에 해당하는 사유가 발생한 경우에는 분쟁조정의 개시를 거부하거나 분쟁조정을 중지할 수 있다.

1. 분쟁당사자 중 어느 한쪽이 분쟁조정을 거부한 경우
2. 피해학생 등이 관련된 학교폭력에 대하여 가해학생을 고소 · 고발하거나 민사상 소송을 제기한 경우
3. 분쟁조정의 신청내용이 거짓임이 명백하거나 정당한 이유가 없다고 인정되는 경우

② 자치위원회 또는 교육감은 다음 각 호의 어느 하나에 해당하는 사유가 발생한 경우에는 분쟁조정을 끝내야 한다.

1. 분쟁당사자 간에 합의가 이루어지거나 자치위원회 또는 교육감이 제시한 조정안을 분쟁당사자가 수락하는 등 분쟁조정이 성립한 경우
2. 분쟁조정 개시일부터 1개월이 지나도록 분쟁조정이 성립하지 아니한 경우

③ 자치위원회 또는 교육감은 제1항에 따라 분쟁조정의 개시를 거부하거나 분쟁조정을 중지한 경우 또는 제2항 제2호에 따라 분쟁조정을 끝낸 경우에는 그 사유를 분쟁당사자에게 각각 통보하여야 한다. [시행일: 2012. 5. 1.]

第29조(분쟁조정의 결과 처리) ① 자치위원회 또는 교육감은 분쟁조정이 성립하면 다음 각 호의 사항을 적은 합의서를 작성하여 자치위원회는 분쟁당사자에게, 교육감은 피해학생 및 가해학생 소속 학교 자치위원회와 분쟁당사자에게

각각 통보하여야 한다.

1. 분쟁당사자의 주소와 성명
2. 조정 대상 분쟁의 내용
   가. 분쟁의 경위
   나. 조정의 쟁점(분쟁당사자의 의견을 포함한다)
3. 조정의 결과

② 제1항에 따른 합의서에는 자치위원회가 조정한 경우에는 분쟁당사자와 조정에 참가한 위원이, 교육감이 조정한 경우에는 분쟁당사자와 교육감이 각각 서명날인하여야 한다.

③ 자치위원회의 위원장은 분쟁조정의 결과를 교육감에게 보고하여야 한다. [시행일: 2012. 5. 1.]

제30조(긴급전화의 설치 · 운영) 법 제20조의2에 따른 긴급전화는 경찰청장과 지방경찰청장이 운영하는 학교폭력 관련 기구에 설치한다. [시행일: 2012. 5. 1.]

제31조(정보통신망의 이용 등) 법 제20조의4 제3항에 따라 국가 · 지방자치단체 또는 교육감은 정보통신망을 이용한 학교폭력 예방 업무를 다음 각 호의 기관 및 단체에 위탁할 수 있다.

1. 「한국교육학술정보원법」에 따라 설립된 한국교육학술정보원
2. 공공기관의 위탁을 받아 정보통신망을 이용하여 교육사업을 수행한 실적

이 있는 기업

3. 학교폭력 예방에 관한 사업을 3년 이상 수행한 기관 또는 단체 [시행일: 2012. 5. 1.]

제32조(영상정보처리기기의 통합 관제) 법 제20조의6 제1항에 따라 영상정보처리기기를 통합하여 관제하려는 국가 및 지방자치단체는 다음 각 호의 절차를 거쳐 관계 전문가와 이해관계인의 의견을 수렴하여야 한다.

1. 「행정절차법」에 따른 행정예고의 실시 또는 의견 청취
2. 학교운영위원회의 심의 [시행일: 2012. 5. 1.]

제33조(비밀의 범위) 법 제21조 제1항에 따른 비밀의 범위는 다음 각 호와 같다.

1. 학교폭력 피해학생과 가해학생 개인 및 가족의 성명, 주민등록번호 및 주소 등 개인정보에 관한 사항
2. 학교폭력 피해학생과 가해학생에 대한 심의 · 의결과 관련된 개인별 발언 내용
3. 그 밖에 외부로 누설될 경우 분쟁당사자 간에 논란을 일으킬 우려가 있음이 명백한 사항 [시행일: 2012. 5. 1.]

부칙 〈제23689호, 2012. 3. 30.〉

이 영은 2012년 5월 1일부터 시행한다. 다만, 제2조, 제13조 제1항, 제17조부터 제23조까지의 개정규정은 2012년 4월 1일부터 시행한다.

저자 소개

* 박성희

서울대학교 졸업

서울대학교 대학원 교육상담학 박사

한국행동과학연구소 책임연구원

현 청주교육대학교 교수(교육경력 23년)

한국상담학회 수련감독

* 김경수

한남대학교 졸업

한남대학교 대학원 교육상담학 박사

현 충청북도청주교육청 Wee Class 전문상담교사(교사경력 20년)

전문상담교사 1급, 애니어그램 전문강사, MBTI 일반강사, 미술치료사

* 김기종

청주교육대학교 졸업

충북대학교 교육대학원 교육학 박사

현 청주 성화초등학교 교사(교육경력 17년)

전문상담교사 1급

* 남윤미

장로회신학대학교 졸업

충북대학교 교육대학원 석사

현 청명학생교육원 교사(교육경력 24년)

상담심리사, 모래놀이치료사

***이동갑**

한국방송통신대학교 교육과 졸업

한남대학교 대학원 교육상담학 박사

현 한국교원대학교 교육정책전문대학원 재학 중(교육경력 18년)

전문상담교사 1급, MBTI 중앙강사

***이재용**

청주교육대학교 졸업

충북대학교 대학원 재학 중

현 충북 청원군 미원초등학교 금관분교장(교육경력 7년)

전문상담교사 1급, MBTI전문강사, STRONG 전문가, 미술치료사 3급

***장희화**

청주교육대학교 졸업

청주교육대학교 대학원 석사

현 증평초등학교 교사(교육경력 30년)

전문상담교사 1급

폭력 없는 평화로운 학교 만들기

중학생을 위한

학교폭력상담

2012년 5월 25일 1판 1쇄 발행
2013년 7월 25일 1판 2쇄 발행

지은이 • 박성희 • 김경수 • 김기종 • 남윤미 • 이동갑 • 이재용 • 장희화

펴낸이 • 김진환
펴낸곳 • (주)학지사
121-837 서울특별시 마포구 서교동 352-29 마인드월드빌딩 5층
대표전화 • 02) 330-5114 팩스 • 02) 324-2345
등록번호 • 제313-2006-000265호

홈페이지 • http://www.hakjisa.co.kr
커뮤니티 • http://cafe.naver.com/hakjisa

ISBN 978-89-6330-952-1 03370
978-89-6330-950-7 (set)

정가 13,000원